优化课堂教学
方法与实践

胡庆芳 著

中国人民大学出版社
·北京·

目 录

第一章　研究成为教师专业发展的需要 / 1

　　第一节　教师专业发展运动的关键词 / 1
　　第二节　教师专业发展阶段的分水岭 / 5
　　第三节　推进课程教学改革的必经路 / 9

第二章　课例研究成为国际的卓越实践 / 14

　　第一节　课例研究兴起日本 / 14
　　第二节　课例研究移植美国 / 23
　　第三节　课例研究传播全球 / 35

第三章　国内的传统教研活动亟待创新 / 39

　　第一节　传统教研活动的弊端 / 39
　　第二节　日美课例研究的启示 / 44
　　第三节　国内课例研究的概貌 / 47

第四章　优化课堂教学实践的思路框架 / 52

　　第一节　课堂观察系统的构建 / 52
　　第二节　教学评议标准的创立 / 58

第三节　课例研究活动的设计 / 63
第四节　本土实践特色的突显 / 68

第五章　扎根课堂的教学优化专题系列 / 74

第一节　小学学段的专题系列 / 74
第二节　初中学段的专题系列 / 110
第三节　高中学段的专题系列 / 176

后　记 / 225

第一章 研究成为教师专业发展的需要

第一节 教师专业发展运动的关键词

20世纪60年代，欧美发达国家掀起了一场有关"中小学的教育教学是不是一个专业、中小学的教师是不是专业人员"的大讨论，一时间"专业说"、"准专业说"、"半专业说"、"非专业说"，众说纷纭，争论不休。1966年，联合国教科文组织（UNESCO）和国际劳工组织（ILO）在法国巴黎召开了"教师地位之政府间特别会议"，形成了一份题为《关于教师地位的建议》的具有划时代意义的决议。决议明确提出："中小学的教育教学工作应该被视为一种专业。这种专业要求教师只有经过严格且持续不断地研究，才能获得并维持专业知识和专业技能，从而提供公共服务。"自此，教师的专业化在全球开始形成一种强劲的思想浪潮，以势不可当之势推动着教师的专业发展进程。

教师专业化思想浪潮的兴起与传播具有深远的社会意义。首先，高度的社会分工和专业化是社会进步的重要标志，教师群体作为推动社会发展的一支重要力量，自身逐渐发展并具备了专业化的特征，这本身就是社会文明进步的表现。其次，教师专业化过程不断促进教师职业发展的深度和广度。比如，教师职前培养更加系统和专门化，其课程能够更适应教师培养学生健全人格、教化学生的育人目标；教师职业准入实现制度化；教师职后培训更加专业化；教师群体价值观与道德规范形成并稳定发展。最后，教师专业化有助于促使教师自身社会地位的逐步改善，因为随着教师专业化程度的提高，教师必然会不断提高自己的知识水平，不断加强自身的修养并完善自身的知识结构，从而提升自己的社会地位和声望。

在教师专业化运动风起云涌的国际背景下，20 世纪 60 年代中后期，英国学校委员会和拉菲尔德基金会联合推出名为"人文课程计划"（the Humanities Curriculum Project）的专业实践运动。作为这次运动的旗手，斯腾豪斯认为，教学应当建立在教师而不仅仅是专业研究者所开展的研究基础上，并且教学质量和水平的提高同样只能依靠教师的行动研究来实现，教师的研究应当和教学结合起来，并由此响亮地提出"教师即研究者"（teachers as researchers）的口号，极力主张教师的教学要和研究结合起来，大力提升教师在课程、教学上的研究性和创造性。斯腾豪斯的学生埃利奥特和凯米斯继承并发展了这一思想，进一步提出"教师即行动研究者"以及"教师即解放的行动研究者"的思想。[①] 后来，美国马萨诸塞理工学院哲学教授舍恩进一步发展了"教师即研究者"的思想，提出了具有普遍意义的"教师即反思性实践者"的概念，并且把这一观点引入教师教育的研究与实践之中。

20 世纪 80 年代以来，教师的专业发展成为教师教育的方向和主题。人们越来越意识到，提高教师专业地位的有效途径是不断改善教师的专业教育，从而促进教师的专业发展。只有不断提高教师的专业水平，才能使教学工作获得社会的尊敬，并取得较高的社会地位。正如美国教师教育学院联合会发布的报告所指出的那样，教师要将提高教学的专业性融入自我价值实现的过程之中，积极推动教学成为真正的专业，以此提高公共教育的质量。

1986 年，美国卡内基教育和经济论坛工作小组发布了题为《国

[①] 参见胡庆芳：《教师专业发展背景下教师的学习与学习文化的重建》，载《上海教育科研》，2005（3）。

家为培养21世纪的教师做准备》的报告。报告言辞激烈地批评了美国师范教育改革滞后阻碍了教师的专业发展，使教师在很大程度上失去了社会对他们的尊重。报告呼吁，为建立一支专业化的教师队伍，必须彻底改革美国的教师政策：创立全国教师专业标准委员会，高标准地确定教师应该懂得什么、应该会做什么；改革学校机构，为教师创造一个有利于专业发展的良好环境；改变教师队伍结构，使能力强的教师形成一支领导骨干，在促进全体教师专业发展方面发挥积极的带头作用；以文理学士学位作为教育专业训练的前提；在教育研究院中实施新的教育专业课程，颁发教育硕士学位。报告还大胆而建设性地指出，必须迅速改革师范教育的机构和课程教学计划，取消教育专业的学士学位，本科教育应致力于宽广的文理教育和对所学科目完备的基础训练，师范专业训练应在研究生阶段进行；为期两年的教师硕士学位课程设置的目的是使教师硕士申请者充分利用教学研究的丰硕成果以及优秀教师经由经验提炼而成的实践性知识，发展其教学和管理技能，渐进养成教学反思的习惯和形成具有独立见解的判断，全面提升教育教学工作的眼界和境界，从而为成为研究型的教师打下必要的专业基础。

在美国，提到教师的专业发展，就不得不提到为此立下卓越功勋的霍姆斯小组（the Holmes Group）。该小组是由美国各州重点研究型大学的教育学院院长和学术领导人组成的一个民间学术性机构。它得名于20世纪20年代哈佛大学教育研究生院院长霍姆斯（H. W. Holmes），因为他毕生致力于提高师范教育的质量和教师职业的地位。1986年，霍姆斯小组在发布的报告《明天的教师》中指出，教师的专业教育至少应包括四个方面，即把教学和课堂管理作为一个完整的学科进行研究，学科教学素养包括把"个人知识"转化为"公共知识"的教学能力，课堂教学中应有的知识和技能都得到训练，教学独有的专业素质、价值观和道德责任感以及对教学实践的指导都得到培养。

自此，在美国的教师教育实践中形成了推崇反思和倡导研究的教师反思运动以及教师成为研究者运动。改革中的美国教师教育要求教师具有相应的教学实际能力,同时还主张教师积极参与教学目的与教学内容的设计,扩大教师的自主权,促使课堂教学合理化。

1992年,经济合作与发展组织(OECD)相继发表了题为《今日之教师》和《教师质量》的研究报告,发展和赋予了教师专业化新的内涵:学校既是学生学习的场所,也是教师专业发展的阵地;教师专业化发展就是要在学校教育过程中使教师和学生都获得成功。

2002年,经济合作与发展组织启动教师政策的研究,相继发布了题为《教师教育和终身学习时代的教学职业》(Teacher Education and the Teaching Career in an Era of Lifelong Learning)和《教师至关重要》(Teachers Matter)的报告,进一步提出了"教学因其无可替代的专业性而成为使所有其他专业成为可能的重要专业"、"研究型教师的培养关乎国家核心竞争力"的重要论断。[1]

2012年3月13日,经济合作与发展组织又发布了一份题为《为21世纪培育教师,提升学校领导力:来自世界的经验》(Preparing Teachers and Developing School Leaders for the 21st Century: Lessons from around the World)的最新报告。该报告由国际学生评估项目(PISA)的总设计师安德烈亚斯·施莱克尔(Andreas Schleicher)编著,并在"教师专业国际峰会"(the International Summit on the Teaching Profession)上作为背景报告宣讲。在谈到教师专业素质时,报告指出,学生在学业成就上的卓越表现往往与教师过硬的专业素质密不可分;在促进教师专业素质提高的各种策略中,组织教师在教学的过程中研究教学和改进教学无疑是最为关键的举措。[2]

风起云涌的教师专业发展运动鲜明昭示出教师发展与研究之间的密切联系。研究态度与能力是教师创造力的集中体现,是教学实践主体性的能动体现,是促进专业发展的有力途径。随着社会的进步和教育的发展,以及社会对教育越来越高的质量诉求,没有反思

---

[1] OECD, "Attracting, Developing and Retaining Effective Teachers: Design and Implementation Plan for the Activity," www.oecd.org/els/education/teacherpolicy, Nov. 2002.

[2] http://cice-shnu.org/Default.aspx?tabid=8555&ctl=Details&mid=17070&ItemID=65181&SkinSrc=[L]Skins/cice_new_2fen/cice_new_2fen&language=en-US.

的教学、弱于研究的教师已经不能满足现实及未来的需要。

"教师即研究者"是教师专业化发展过程中具有里程碑意义的重要论断，正如布克汉姆所言，"一门职业的专业性往往是与其从业群体的研究能力紧密联系在一起的，特别是研究者的习惯和态度是维持其专业性的重要因素"。为《教育大百科全书》撰写"教师即研究者"词条的霍林斯沃思（S. Hollingsworth）满怀信心地指出，"'教师即研究者'的论断所引发的教师专业化运动在整个教育领域的国际运动中都一直处于中心地位"，并认为这是"后工业时代社会大变革的一个部分，因为教师的社会影响力从此不再处于边缘化的地位"[1]。

教师的教学工作是否具有研究的性质，关键在于如何正确地理解教学和研究。如果仅仅从知识的传授角度去理解教学，那么，教师永远只能算是一个技艺娴熟的教书匠。如果从促进每一位学生健康快乐地成长和有个性地最佳发展角度来理解教学，那么，教师就需要时时、处处研究自己面对的学生，从学生的需求出发，设计有意义的教学旅程，教师的教学实践就会总是绽放出研究和创造的理性光辉。

当教师把研究看作教学实践的一种职业态度和专业精神时，教学的专业性以及教师工作在推动整个社会向前发展过程中的基础性作用就会体现得愈发明显。教师是教育教学研究的主体，他们的研究意识、主体意识是教师专业化发展的重要支撑，教师的教育实践内在地包含着研究的意义，也只有这样，教师才能真正当之无愧地从事教育教学这一阳光下最崇高的事业。

第二节 教师专业发展阶段的分水岭

要促进教师的专业发展，就需要了解教师在整个职业生涯过程中大致经历的主要阶段，并了解各阶段之间的变化与差异。只有这样，才能准确地理解教师专业发展的特点和规律，也才能够有力地

---

[1] ［瑞典］T. 胡森、［德］T. N. 波斯尔斯维特主编：《教育大百科全书》，第 8 卷，104 页，重庆，西南师范大学出版社，海口，海南出版社，2006。

促进教师的专业发展。

20世纪70年代，美国学者富勒（F. Fuller）和鲍恩（O. Bown）通过大量的文献研究和广泛的教师问卷与访谈，提出了教师三关注阶段理论。第一个阶段为关注生存阶段（survival concerns stage）。在这个阶段，教师初次真正地、持续地开展教学工作，一切都是从零开始，没有过往的阅历可以借鉴，因此主要是关注自己是否能够胜任教学的工作和身边的人怎么看待自己的工作。他们常常问自己的问题包括"学生喜欢我吗"、"领导是否觉得我干得不错"以及"同事们怎么看我"等。第二个阶段是关注教学情境阶段（teaching situation concerns stage）。在这个阶段，教师减少了对自己能力的怀疑和由此带来的不安，主要关注教学任务所需要的知识、能力以及如何学以致用地去解决问题。他们常常问自己的问题包括"班级人数是否太多"、"怎样才能有效提高学生的成绩"、"现有的备课材料是否充分"以及"班级管理一定要遵循严厉的训导原则吗"等。第三个阶段是关注学生阶段（concerns about pupils stage）。在这个阶段，教师减少了对就事论事的教学任务的关注程度，越来越多地研究学生的现实基础和学习特点，追求通过创造性的教学设计引导学生经历有意义的学习旅程，从而渐进形成自己的教学风格。他们脑海里常常出现的问题包括"如何激发学生强烈的学习兴趣"、"学生有哪些方面的学习需要"、"学生通过学习是否有进步"以及"如何使学生自信、独立地面对学习任务"[1]等。

20世纪80年代，美国学者麦克唐纳通过对一群公立学校的教师进行数年的跟踪研究，提出了教师生涯四阶段论。[2] 第一个阶段为转换阶段（transition stage），教师主要在适应新的工作岗位，完成从师范生向正式教师的角色及心理转换，因此这一阶段的教师主要致

---

[1] F. Fuller & O. Bown, "Becoming a Teacher," in *Teacher Education*, *Seventy-Fourth Yearbook of the National Society for the Study of Education*, part 2, ed. K. Ryan (Chicago: University of Chicago Press, 1975).

[2] F. J. McDonald, "A Theory of the Professional Development of Teachers," paper presented at the meeting of the American Educational Research Association, New York, 1982.

力于教学工作的基本完成。第二个阶段为探索阶段（exploring stage），教师在能够驾驭课堂的基础上进行一些探索，力求在教学效能和课堂组织管理效率方面有明显改观。第三个阶段为发明实验阶段（invention and experimenting stage），教师尝试各种新的教学策略，激发学生学习的兴趣，让自己在接受各种挑战的过程中发展自己。第四个阶段为专业的教学阶段（professional teaching stage），教师着重研究教育教学实践中遇到的问题，形成行之有效的解决问题的策略，并在此过程中提升对教育教学的理解与认识，力求在思想上有所建树。

香港大学的徐碧美教授曾利用一年的休假时间，到香港的一所中学实地观察了四位第二语言（英语）教师一个月以上（玛丽娜三个月，艾娃、婧和珍妮三位教师各一个月）的课堂教学，并和这些教师进行了富有成效的沟通，对学生做了相关的调查和访谈，由此发现了专家教师与教师新手在教学实践过程中的诸多差异性特征。[1]

（1）教学方面。第一，备课。专家教师比较有自主性，他们会研究课程标准和教材的要求，并常常根据自己的理解来灵活组织教学内容，而教师新手往往根据权威设定的规则和指南行事，不越雷池一步；大多数专家教师更多地进行长期的备课，除了准备每一节课之外，单元、星期、一学年的教学任务也是他们非常关注的，所以他们对所要教授的知识的地位、教学次序等会有更清晰的认识，对教学的连贯性也会有更多思考，而教师新手多局限于短期的计划和当次的备课；专家教师常常在头脑中进行备课，并且他们的备课是连贯的，无论是在学校还是在家中，无论是在工作还是在休假，最后写出的教案通常也比较简单，有时就像便条一样，而教师新手常常写出详尽的方案，甚至包括课堂上可能的每一句对话。第二，上课。教室是一个复杂的、相对难以预测的环境，许多事情都可能同时发生。课堂的这种多元性、同时性、刻不容缓性和难以预料性，要求教师能快

---

[1] 参见徐碧美：《追求卓越——教师专业发展案例研究》，51页，北京，人民教育出版社，2003。

捷地处理同步传送的信息、处理同时发生的多个事件以及观察到学生违纪行为的信号并在它成为问题之前采取行动。专家教师关注的课堂事件往往与教学目标直接相关,并且研究判断与教学目标的相关性及结合点,并立即改变自己原来的教学计划,用好这一即兴产生的教学资源;教师新手往往会被各种突发事件困扰,并且急于救火式地立即处理,导致教学行为和教学目标之间常常脱节。

(2)知识方面。专家教师和教师新手的关键性差异在于对教学行为的理解以及聚合不同方面知识的能力。例如,在关于学生的知识方面,专家教师往往在激发学生的兴趣的时候,不会忘记自己的教学目标,并且他们设计的活动能够很方便地走进学生的内心世界,让学生感兴趣,并促成目标的达成;教师新手往往是关注兴趣的时候就忘记了目标,关注目标的时候教学就缺乏兴趣。

(3)教师回应工作环境的方式方面。专家教师一般不会受环境因素的支配,他们会积极调适自我并主动地研究和适应现实的工作环境,他们对工作环境的回应并不是孤立的或者毫不相关的,而往往是站在全局角度看待自己的工作;教师新手往往在理想与现实之间的差距中彷徨和抱怨,始终处于不尽如人意的工作状态。

徐碧美教授还指出了成长为专家教师的四个关键因素,即有意识地思考和对经验的反思、不断探究与试验、质疑"没有问题"的问题以及迎接挑战和寻求挑战。

从教师专业发展的阶段特点以及专家教师与教师新手之间的区别可以看出,教师在新手阶段主要是适应工作环境和完成教学任务,经验教师阶段主要是探索多种方法以熟练地完成教学任务,专家教师阶段则是深入地研究学生和教学问题以有力地促进学生的学习和提升自己对教育教学的认识。

随着专业发展阶段的递升,教师要逐渐学会研究自己的教育教学,对此,现实中往往存在误解。很多教师认为自己首要的和本职的工作就是教学,按照课程目标的要求和课前设计的思路上完每一堂课就可以了。如果课堂中出现了什么问题,他们会归咎于学生的不配合等特殊原因而不觉得是什么大问题,即便是遇到课堂教学中经常困扰自己的瓶颈问题，也常常寄希望于教育专家或者学校领导给出一个现成的解决问题的办法，然后自己按照这个办法去执行操作。因此，这类教师往往没有研究的意识，并且想当然地认为研究只是教育专家的事情。另外，对教师做研究的有效性的质疑，主要是从研究的科学性、规范性、专业性以及是否有利于教师专业发展的角度来考虑的。教育研究的意义在于其成果能够指导教学实践，而这种成果的有效性，取决于研究人员的理论水平和科研能力。因此，就会有这样的疑问产生：教师没有受过专门的研究训练，缺乏规范的研究意识，研究必然缺乏严谨性和规范性，这样的研究能否有效地指导教学的实践？

正是因为教育教学研究在促进教师专业发展方面的重要性以及对教师在教育教学过程中进行研究的能力存在质疑，所以更加迫切地需要让广大一线教师掌握基本的研究方法。要让专业研究人员积极主动地投身到教育教学的实践情境中去，和广大一线教师一起寻找需要研究解决的问题，经过提炼聚合从而转化为行动研究的小课题，再回到教育教学的实践过程之中进行问题原因的诊断和可能的解决方案的尝试探索，在取得明显效果的基础上进一步提炼提升实践的经验，从而成为具有一定普适性和推广性的共识及结论，成为既适合于教师实践特点，又能改进教师实践的研究成果。广大一线教师身处教育教学实践的第一线，其研究往往更具有真实性、情境性和可操作性，比单纯基于逻辑推理和概念演绎而形成的经院学派式学术成果更具有反哺实践的实效性和推广价值。

第三节 推进课程教学改革的必经路

世纪之交在全国兴起的基础教育课程改革建立起了一套全新的课程体系，这对广大一线教师及教研员和专业研究人员而言，都形成了一种前所未有的挑战。

从课程内容来看，一方面，对于现成的课程文本内容，没有人是轻车熟路的；另一方面，太多的内容有赖于在情境中互动生成，因此充满不确定性。大家都在同一起跑线上,需要平等对话和合作教研的机制建立。

从教学方式来看,教师和学生是学习过程的共同经历者和平等的学习伙伴,教师不能再像原来那样将准备好的内容按部就班地灌输给学生,而是要基于学生的经验和现实生活与学生一起建构新知识,因此,没有一种现成的教学方法可以套用,"摸着石头过河"是最形象不过的比喻。一千个教师就会有一千种教学方法,而每一种教学方法都会遇到层出不穷的新问题,这就呼唤研究和解决真实问题的有效教研制度的出台。

从课程设置来看,综合文科、综合理科、研究性课程以及综合实践活动等,已经不可能依靠某一个学科教研组就解决问题,因此,教育教学的现实期待建立打破原来的教研组界限、多个学科教研组参与的综合教研新机制。

从课程结构来看,三级课程体系中的校本课程开发更是一个方兴未艾的教研领域,没有现成的经验可以借鉴,也不是单一教研组可以解决的问题,课程研究人员的介入成为教研的新需要。这呼唤着超越教研组范围、突破学校围墙、多元成员参与的教研新机制的建立,需要建立一个适应基础教育新课程改革的开放、民主和有效的教师教学研究新格局。

据《2002年全国教育事业发展统计公报》显示,截至2002年底,全国普通中小学校有54.82万所,普通中小学校专任教师总人数约为1 019.26万人(其中全国小学专任教师577.89万人,初中专任教师346.77万人,普通高中专任教师94.6万人)。我国现有的教研机构总数约为2 000个,教研机构人员总人数近10万,其中专职教研员数量更是低于此数。单从量的角度来分析,我们可以发现,随着新课程的全面推广和深入,仅以2 000余所(加上部分高等师范院校、教育学院和国家课程改革研究中心)教科研机构去指导54.82万余所的中小学校,显然不太现实。[①] 同理,近10万人的教研队伍

---

① 参见胡庆芳等:《校本教研实践创新》,3页,北京,教育科学出版社,2007。

要对1 000多万的教师进行培训、指导等也会遭遇力不从心的尴尬。专业指导力量的严重不足客观上要求以校为本教研制度的建立，从制度上保证全国所有中小学首先可以依靠学校自身团队的力量并充分发挥本土专家的引领作用，一起研究解决新课程实施中的种种问题。

2001年6月8日，教育部印发《基础教育课程改革纲要（试行）》，明确提出"在教育行政部门的领导下，各中小学教研机构要把基础教育课程改革作为中心工作，充分发挥教学研究、指导和服务等作用，并与基础教育课程研究中心建立联系，发挥各自的优势，共同推进基础教育课程改革"。

2003年12月22—24日，教育部基础教育司在上海组织召开"以校为本教研制度建设研讨会"，各省、自治区和直辖市教研部门的领导、课程改革实验区的相关负责人以及全国15所大学课程改革研究中心的专家与会，共同研究校本教研实践创新的思路以及相关的条件保障，切实为基础教育课程改革保驾护航。

基础教育课程的改革事实上要求学校教研制度的重建，并为广大教师在教学实践的基础上使教学研究融入新内涵："以校为本"、"自下而上"、"自主研究"、"全员参与"、"多种力量支持"。全国各地各学校的教研组作为正式的教研组织，在攻克教材难点、摸索有效的教学方法、强化教研技能、研讨教育教学问题、促进课程改革以及提高教育教学质量等方面正在发挥中流砥柱般的作用。

教研主体正在从课程的执行者变为课程的主人。对于教师而言，以往教授的是别人的课程，是专家规定好的现成课程，只要执行即可。而现在，新课程中的教师成了课程的主人，文本的课程如何转化为教师理解的课程，进而如何转化为在课堂中实施的课程，这些都有待于教师基于自身经验进行重组和自主建构。特别是对于校本课程而言，整个课程都有待教师自主开发，手中的教材更多地只能作为一种课程资源供参考。这正是教研转型过程中教师主体地位发生的根本性变化，也正是这些原因引发了以往教研格局的"多米诺骨牌"效应，从而展现出广大一线教师教学研究的广阔新天地。

广大一线教师教研的实践表明，学校的教研风貌与教师的专业发展之间存在着密切的联系。①

（1）当师资队伍的整体素质基本不合格的时候，学校往往以压倒一切的魄力强调以案例讨论为主要形式的支架借鉴，因为这样做可以让合格的教师通过类似教学案例的解说帮助不合格的教师完成基本教学要求。在这一阶段，教师的角色基本定位在教学实践操作者的层次。

（2）当师资队伍的整体素质基本合格的时候，学校往往强调教师之间的合作学习、相互交流、经验共享以及积极主动地寻求并解决教育教学中的实践性问题。在这一阶段，教师的角色开始提升为行动研究者的层次。

（3）当师资队伍整体素质完全合格并形成学习型组织的时候，这种组织的成员开始进入研究状态，无论是以建构个人理论为追求的研究学习，还是在实践经验之上的反思学习，其品质都在质的方向上向教学研究者和理论建树者靠近，并且他们的学习以及学习的成果都与自身实践密切相关。在这一阶段，教师的角色进一步提升到个人理论的建构者层次，并且真正实现了理论家和实践者之间的融合。

迈克·富兰在《变革的力量：透视教育改革》中说道："当教师在学校里坐在一起研究学生学习情况的时候，当他们把学生的学业状况和如何教学联系起来的时候，当他们从同事和其他外部优秀经验中获得认识、进一步改进自己教学实践的时候，他们实际上就是处在一个绝对必要的知识创新过程中。"② 原苏联著名的教育家苏霍姆林斯基对教师进行教育教学实践的研究更是给予了崇高的评价："如果你想让教师的劳动能够给教师带来乐趣，使天天上课不至于变成一种单调乏味的义务，那你就应当引导每一位教师走上从事研究的幸福道路上来。"③

---

① 参见胡庆芳：《教师的学习》，载《上海教育》，2005（6）。
② ［加］迈克·富兰：《变革的力量：透视教育改革》，39页，北京，教育科学出版社，2000。
③ ［苏］瓦·阿·苏霍姆林斯基：《给教师的建议》，北京，教育科学出版社，1984。

时代呼唤教育研究工作者深入到教学实践中去，时代也要求从事教学实践工作的教师不仅是教案的执行者还必须是教学问题的研究者，纯粹"教书匠"的时代已经结束。正如乔治·华盛顿大学教授南希·迪克（Nancy Dick）所言，教育教学研究的理想世界就是"再也没有思想家和实践者之分，所有的实践者都应当成为自觉实践的思想家"[①]。

新课程改变了教师的教学方式，改变了学生的学习方式，对广大中小学教师的专业水平也提出了新的挑战。教育教学的情境变得复杂，教学内容的不确定性增加，教育教学中遇到的问题也空前增多。这就要求广大教师要不断吸取新知识，时常带着问题去反思和研究自己的教学，并学会把实践中遇到的问题转化为行动研究的课题，深入研究、循环改进，努力创造新课程教学的成功范例，积极建构与发展对教育教学的认识及见解，努力成为有思想的教育教学实践者。

在新课程的逐步推进过程中，教师角色的内涵开始变得更为丰富，不仅承载着传统的"传道、授业、解惑"的历史使命，还在改革浪潮中成为名副其实的终身学习者、学生有效学习的促进者和教育教学实践的研究者。要实现教师从知识传授者到学生有效学习的促进者的角色转换，教师本身就必须是一位积极的、有效的教育教学研究者。这既是时代赋予教师的要求，也是教师作为学生促进者的前提。教师只有坚持专业化发展之路，才能始终站在教育教学改革的前沿，准确把握教育未来的走向，不断创造教育教学的精彩，从而真正成为学生成长发展的高素质的引路人。

---

① 宁虹：《"教师成为研究者"的理解与可行途径》，载《比较教育研究》，2002（1）。

第二章 课例研究成为国际的卓越实践

第一节 课例研究兴起日本

课例研究（lesson study）是对日语合成词"jugyokenkyu"的意译，即课的研究。正如该词所表示的那样，课例研究包含对教学实践的研究或检视。那么，日本的教师是如何通过课例研究来检视他们的教学的呢？他们全身心投入进精心设计的一系列步骤之中，其中包括一起讨论他们最初共同设计出来的并对其实施进行过仔细观察的课。这些课在日本就叫"kenkyujugyo"，这只是对前面提到的那个词"jugyokenkyu"的前后两部分进行颠倒而来，因此其字面意思就是研究课（research lesson），或者更具体地说，就是研究的对象。

在日本，课例研究的历史一直可以追溯到19世纪末中小学开始兴起的公开课活动，即学校让一些有经验的教师或对教学有自己想法的教师面向全校教师开设公开课供大家观摩，当时的主要目的是为经验的传播搭建一个平台。到了20世纪50年代，日本兴起批判传统教育学的思潮，力主教育教学科学化以及对教师职前职后一体化的专业支持。1962年，五所大学课例研究合作小组成立，该合作小组包括广岛大学、神户大学、名古屋大学、东京大学和北海道大学的课例研究合作小组，积极推广以课例为载体的课堂教学研究。1963年，以五所大学课例研究合作小组为基础，日本又成立了一个全国性的授业研究组织，即全国授业研究协会。与此同时，日本许多的中小学校也开始把课例研究作为"校本培训"（konaikenshu）的常规活动来广泛开展。这种课例研究式的校本培训就是把学校所有的教师集中起来，使其持续不断地集中关注某一个教育教学专题，以此让全校各学科的教师都致力于一个专业发展的目标而行动起来。

一般而言，为了选择一个校本培训目标，教师们会一起思考他们学校的使命，以及学生素质所隐含的种种内容，这也是他们应当致力于培养学生的方面。然后他们再从学生的角度来估计自己的真实成就，并力求判定自己的愿望和他们从学生身上观察到的结果之间的差距。一旦发现大家都认为很麻烦也很广泛的差距，教师们就会开始选择一个校本培训目标，该目标代表着缩小这种差距的努力方向。例如，教师也许会注意到这样一种情况：尽管他们想要培养出有好奇心和求知欲的学生，但是，学生随着年龄的增长而变得不再那么刨根问底了。在这种情况下，教师可能选择一个校本培训目标来致力于培养有好奇心和求知欲的学生。校本培训的目标不是直接指向学生某项特定的学业技能的培养，而是旨在培养学生对学习、对学校、对同伴以及对自己的更为宽广的品质。研究者发现，自主是这些目标中最经常用到的字眼。尽管校本培训目标指向宽广的内容维度，但是大多数学校都在研究某个具体学科领域的背景下追求这些目标。例如，在先前提到的那个把培养有好奇心和刨根问底的学生作为一个目标的例子中，那所学校就可以在科学课的学习中注重培养学生这些品质。

作为校本培训的一个部分，课例研究是最普遍的一种活动。换言之，学校确立的校本培训目标也是在课例研究的执行过程中探索发现的。这样，校本培训目标实际上给课例研究提供了这样一个目标：利于动机激发且精心选择的同时还关注了教师。反过来，这种校本培训目标和课例研究的结合就提供了一个如何把校本培训目标付诸实施的具体过程（研究"研究课"）。

一、课例研究的流程

研究课按照下面即将描述到的步骤进行，其目的是探究教师们预先选择的一个研究目标（如理解怎样鼓励学生成为自主的学习者）。在日本，课例研究主要按照以下步骤进行[①]：

1. 合作设计研究课

对研究课的研究是从教师聚集在一起设计一节课开始的。这样的设计本身就是细致审慎的，同时也是合作性质的。教师们在一起针对如何设计一节课通过多种方式充分分享想法，包括挖掘过去的经验、对当前学生的观察、教学指导书、教材，以及其他资料书。第一步的结果就是出台一个教案，它详细地记述了小组成员为他们的课确定的内容设计。

2. 观摩实施中的研究课

第二步针对小组中上这节课的那个教师，执行过程具有公开性质，因为其他的教师作为观察者介入其中。这些观察者手捧教案听课，并以此为工具来指导他们在课堂上的关注对象。

被调研到的教师报告说，在 1993—1994 学年间，他们在本校平均观摩研究课 6 节，在外校观摩研究课 4 节。教师们还报告说，在本校，自己的课被公开观摩至少有一次或两次。而且，大约一半的教师报告说自己的课被外校的教师观摩过。

3. 讨论研究课

接下来，小组成员集中到一起反思教案在实实在在的教室里演绎的过程，一起交流各自在课堂上观察到的问题，同时提出改进建议。

4. 重新设计课（选择性的）

一些教师在讨论完课堂观察所得之后就算结束了对研究课的工作，还有一些教师会继续去修改并重新上一次课，研究怎样继续从中有所收获。这个修改的过程最终产生一个更新版的教学预案，该预案包含了教师们对初始教案的所有改动。

[①] C. Fernandez & M. Yoshida, *Lesson Study: A Japanese Approach to Improving Mathematics Teaching and Learning*, Mahwah, New Jersey, 2004, pp. 7-9.

5. 基于新的设计重新施教（选择性的）

接下来，小组里另一位教师公开执教经过重新设计的课，同事们再次集中到一起进行观摩。有时，如果教师们不能两次课都参与，他们更多地选择第二次课，因为对于一节特定的研究课，它代表了集体智慧的最高水平。

人们很少会看到同一个教师把同样的内容教给同样的学生两次，即使是教给另一个班级的情况都很少。之所以这样变换，其中一个原因就是通过变换教师和学生给小组提供更为宽广的经验平台以资学习。这样，小组在获得新鲜感的同时也给了更多的教师展示自我的机会。

小组第三次修改设计和重上一节课的情况也很少见，因为检视特定的一节课，小组可以从中收获的内容毕竟有限。研究者一般都认为三番五次地修改同一课的设计会导致回报递减，因此转向研究一节全新的课会有意义得多。而且反复研究同一课，在教学时间的安排和学生对课程循序渐进的学习等方面都会变得困难。

6. 交流基于改进课的实践反思

接下来，教师们会集中到一起讨论对于再次教学过程中出现的问题的各自感受。这次碰头会主要围绕教师们交流观察所得、评论以及建议等方面展开。

在所有的研究课讨论会上，特别是当教师们就一节研究课的观察交流看法的时候，通常都会指定一位教师进行详细记录。这样，小组就可以保留讨论过程中出现的所有观点供以后参考。本书随后还会谈到这一点，当教师日后要撰写工作报告时，这样的记录就显得非常有用。

为了有效地促进教师的在职专业发展，参与课例研究的教师一般会安排4～6人组成若干小组。在规模足够大的学校，这些小组可以把教同一年级的教师集中起来。在规模较小的学校，相近年级的教师可以组成这样的小组（如1～3年级的教师）。

以下是日本广岛一小学数学低年级教研组就20以内拆分做减法的新授课上例题设计的课例研究活动片段：

继田（研究课执教教师）：按参考书来运算很枯燥，如果能增加真实的情景，效果更好。可以设计学生捡校园里的银杏叶，20片以内，以一片叶子代表一个家庭成员，最后根据总的叶子数和代表成员的叶子数列算式。

西子（教研组资深指导教师）：不过，如果能选择恰当的被减数和减数，就既能让学生练习方法，同时又可以保证学习有成效，这很重要。

继田：减数我可以先确定。我班上有一个学生家里成员正好是7位，而且他学习很努力，但就是进步较慢，我想应当多给他一些机会。

千路伊和：减数确定了，关于被减数你也有什么特别的考虑吗？

继田：被减数选择12比较好，因为班上不管哪位学生的家庭成员数都会大于2，所以总会遇到被减数需要拆分的情况。

千路伊和：再出一个题"12－10＝?"效果怎么样？

前岛：12跟10太接近，学生很容易口算出来，我觉得接下来的这个题应当可以再复杂一些。"12－6＝?"是不是好一些？

西子：嗯，12－6和12－7比较接近，而且聪明的学生也可以和后者答案做比较后直接得出来，考到了他们的反应能力呢。

千路伊和："12－4＝?"可以吗？让学生把4拆分为2＋2，这样变成12－2－2就很容易了。

西子：4拆分为2＋2，学生是都会的。但问题是12－2－2，学生对后一个减法不会理解的。做减数拆分涉及变加减符号，一年级学生暂时还掌握不了。

本次课例研究活动的结果是全体参与人员基本上都倾向于认为在下次新授课上选用12－7和12－6两个例题来诠释20以内拆分做减法的方法最有意义。从这样一个小小的片段，我们可以比较切身地感受到日本同行在展开课例研究活动过程中表现出的思考入微和对精致教学的专业追求。

另外，我们还可以从日本另一所小学的科学学科的课例研究看到集体反思研磨最终使得教师教学明显提高了学生课堂的学习效果。具体过程简述如下：

在第一天首次的教学观摩中，教师们看到，40名日本小学五年级的学生两人一组进行试验探究。他们探究的主题是：钟摆的长度、钟摆的重量以及释放角度这三个因素中的哪一个因素对钟摆周期影响最大。各组学生各自讨论实验的方案并进行实验，不同小组的实验方法差别很大。在课后的集体反思环节，授课教师奥哈拉首先对自己这次课的设计进行介绍。他说，这节课的设计目的主要是考查学生能否控制不同变量，以聚焦自己的科学思维。该主题引起了热烈讨论。讨论围绕两个焦点：其一，是否应该直接告诉学生控制变量；其二，是否应该利用码表来比较钟摆周期的差异。对前一个争论，奥哈拉先生在第二天的教学中表明，他希望让学生自己发现控制变量的重要性。对后一个争论，奥哈拉先生解释，五年级学生过分看重细微差异，会把百分之一秒的差异都当回事，因此，码表不适合用来测量钟摆周期。但是，有的教师认为五年级学生已经可以理解测量误差了。第二天是设计方案经改进后的教学演绎。教师们发现，奥哈拉先生把学生前一天的试验结果记在黑板上并提问："通过这些结果，我很难确定发现了什么。如果说我们发现了A、B、C三个变量，但这一组仅强调了A，另一组仅强调了C……我们该怎么做呢？不同的小组发现了不同的结果。"于是，学生开始讨论，提出研究变量应该保持不变，进而认为前一天的试验并不符合这个标准。这样学生们就发现，经过条件控制的试验，才可以表明两个变量之间的关系。

正是通过集体的反思，第一天显得有些无序的实验得到了明显优化，并且让学生经历了一段有意义的学习之旅。

二、课例研究的指导

学校教师们在不同的地点实施课例研究。参与政府或地方教育委员会支持的学校研究计划的教师往往把参与课例研究作为他们研究工作以及专业发展的一部分。职前教师也经常在教学实习阶段投入课例研究。他们主要与大学的指导教师以及实习所在的学校的指导教师一起准备一节研究课，然后在所在学校试教这节课。学校的教师、大学的指导教师以及其他实习的教师会一起来观课。同样，指导教师也往往会被指派去指导职初的教师学做课例研究。他们会一起做一节研究课，有关教师都会被邀请来观课。但是，在日本，课例研究最经常的地点是在同一所学校里，也正是因为如此，课例研究是校本培训活动的一个重要部分。

为了保证课例研究顺利在全校范围内进行，日本许多学校建立了校本培训促进委员会。委员会的作用是帮助策划和组织课例研究，并使之正常开展。而且，委员会一般仅由几个教师组成，他们肩负课例研究开展的责任，并在促使其他教师对这类活动保持兴趣和热情方面起关键作用。大多数情况下，这些委员会的成员不包括行政管理者。不过，校长和副校长一般都会协助支持课例研究，并视之为学校教学管理的重要部分。

学校也经常寻求校外的顾问来帮助进行课例研究。所有参与调研的学校都汇报要求一位校外顾问来指导学校的课例研究工作。校外顾问并不参加学校的每次会议，但在重要的几天都会到场，特别是学校上研究课的日子。校外顾问可能是正值休假的有经验的教师，也可能是地区教育办公室雇用的为学校提供师资发展服务的专员，还可能是来自大学的专家。不过，最常见的校外顾问还是教学督导。教学督导由辖区或辖区内地区办公室任命，负责辖区内一个地区的学校，在大多数情况下专长于某内容领域（比如数学或日语）。教学督导的工作就是周期性地走访学校、在学校观课、跟教师和校长交谈以及做讲座。他们的做法是为学校提供持续的专业发展支持和建议的一种方式。教学督导也走访那些并不是其擅长的领域的学校课例研究。然而，当学校开展的基于校本培训下的课例研究正好是督导擅长的内容领域时，这就给教学督导和学校合作提供了条件。

所有调研到的学校都表示，至少邀请过一名校外顾问来协助本校的课例研究工作。80%的学校邀请过教学督导，31%的学校邀请过大学教授，14%的学校邀请过有经验的教师，11%的学校邀请过已退休的校长，3%的学校从教育部邀请过学科专家。①

学校围绕策划一个课例研究来组织校本培训工作是很常见的事情。这包括邀请邻近学校的教师和其他教育工作者来观摩和讨论一系列的研究课，并把学校一直在坚持做的校本培训工作展示给来访者们看。通常，在坚持校本培训一段时间、学校获得了可以和来访者们一起分享的观点以及可以一起讨论的问题之后，这种准备工作就算完成。如果这是敞开学校大门的目的的话，那么，有时候这些活动被称之为"学习研究展示会"也就不足为奇了。

在每个学年末，学校都要围绕课例研究工作写一份书面报告。这些报告也被叫作"研究总结"或"研究公告"，在表达形式上千姿百态。不过，报告的主要内容总是集中在对学校开展工作的描述，以及教师对从这项工作中得到的主要教训的反思上。研究公告一般集中了学校全学年上过的研究课的教案，并总结出了由教师们提出的同时对研究课产生了影响的观点和见解。在学校坚持开放学校大门迎宾观课的学年，或学校在准备转入下一个关注领域之前最后一次致力于既定目标时，学校常常要写出非常具体的、内容全面的总结性研究公告。

应当提及的是，上述所有的工作（除教授研究课之外）一般都在放学之后进行。在日本，学生一般是在下午2点40分到3点45分之间放学，因学生年龄和学习日的不同而异。不过，教师都要工作到下午5点，此前不能离开学校。大多数的学年在职教育会正是在下午的这段时间进行的，而且这些会议常常超时。

三、课例研究的支持

日本在进行课例研究的过程中形成了以下传统：（1）由教育行政部门资助。日本的中小学平均每学年每所学校可以得到1万～50万日元不等的资助，平均每所学校14万日元。（2）课例研究是校本

---

① Hiroshima Education Office, *Yoran* (Handbook), Hiroshima, Japan, Hiroshima Education Office, 1993.

培训的主要形式。1993—1994学年的调查表明，平均每位中小学教师参与观摩10次研究课，其中6次在本校，4次在校外；自己上研究课1~2次。(3) 课例研究是新教师工作第一年的重头戏，一开始新教师并不会承担很多教学任务。之所以这样安排，主要是为了使新教师在观摩和参与集体研讨的过程中熟悉教学并为随后的亲身教学实施做准备。(4) 课例研究是大学师范生实习阶段的必修课，其学位论文就是完成一份针对教学专题的课例研究报告。(5) 研讨改进后的课由不同教师在不同的班级来教，这样有助于防止教师的专业倦怠感影响改进实效。(6) 每一次课例研究活动都有一位成员专门做研讨记录，在每一学年末要作课例研究报告。

从20世纪70年代开始，日本政府越来越关注校本培训的价值，开始鼓励中小学校投入到课例研究式的校本培训实践中去，并划拨一小部分专项支持资金、出台一些激励措施来推动学校的校本培训工作。政府的这种做法一直坚持至今。平均每学年每所学校可以得到1 000美元的支持。

今天，日本的中小学校有许多激励开展校本培训的措施。学校可以从地方教育委员会得到开展校本培训的财政支持。虽然教育委员会并不会给教师提供资金（作为补贴），但是这些资金可以被用来邀请校外人员，例如课程或学科专家、大学教授等。学校也可以用这些资金送一些教师去外校观摩他校课程，还可以用这些资金在学年末做研究公告。

这种以课例研究为核心内容的校本培训活动一直具有自愿性质，没有一条法律规定学校必须开展校本培训。一般而言，学校开展校本培训都是自愿为之。不过，事实上，许多学校开展以课例研究为核心内容的校本培训也有一半来自压力的缘故。比如，当几乎周边所有学校都在开展这种模式的校本培训时，学校就会感到要顺潮流而动，并且做得尽可能地好。

校本培训活动之所以如此深入地在学校蓬勃开展，还有一个重要的原因：日本教师发现参与校本培训活动，特别是参与课例研究，对于他们而言非常有帮助。尽管课例研究很耗费时间，但它可以让

教师清楚他们的长处和不足,并且获得改进教学技能的重要信息。用三位教师和一位校长的话来说就是[1]:

> 做出一节名课是再理想不过的事情,但我认为,关于课例研究最大的好处就是它给你提供了一次对自己的教学进行反思和重新思考的机会。
>
> 我觉得即使只是一段较短的时间,只要有一个大伙儿聚在一起并认真地讨论教学的地方都会是一次宝贵的体验。
>
> 我也认为(做课例研究的)经验给了我们一次在教师中间建立良好关系的机会。我认为当教师聚在一起并认真地思考我们做的事情的时候,教学……不管怎么说,都能够帮助教师建立起牢固的关系,而这种关系对于所有教师而言恰恰是非常重要的。
>
> 而且,这种在职的、问题解决的过程(课例研究)要求教师具有作为专业人员必需的态度认真、注意力集中和责任感,因为你在学校努力做的事情总是会对学生产生影响。工作的环境、认真的氛围是在学校开展专业发展活动的优势。

当然,这并不是说所有学校的课例研究都是同样高质量的。日本学校的实践表明,校本培训活动的质量因以下因素变化而变化:活动目标的适切性、活动组织者的才干、学校教师的业务素质,以及教师之间的理解与支持。

第二节 课例研究移植美国

1989年,日本著名学者吉田信在芝加哥大学师从詹姆斯·施蒂格勒(James W. Stigler)教授攻读博士学位,并参与其导师一项关于国际中小学数学教与学的比较研究,其中包括日本和美国的比较。吉田信正式向导师提起了日本中小学广泛开展课例研究活动的情况,

---

[1] C. Fernandez & M. Yoshida, *Lesson Study: A Japanese Approach to Improving Mathematics Teaching and Learning*, Mahwah, New Jersey, 2004, pp. 16–17.

引起了导师的注意。1991年，詹姆斯·施蒂格勒和他的研究团队，包括吉田信和克里·费尔南德斯（Clea Fernandez），开始对日本和美国的课堂教学差别进行录像带分析。吉田信又一次提出，日本教师的在职专业发展形式，即课例研究可能是导致这种差异的重要原因。于是，詹姆斯·施蒂格勒建议吉田信把日本的课例研究作为其博士学位论文的选题进行深入研究，并建议自己的另一位博士生克里·费尔南德斯对课例研究进行日本与美国间的比较研究。

1993—2000年，美国加利福尼亚州米尔斯学院（Mills College）的刘易斯（Catherine Lewis）博士的很多时间都是在日本撰写著作《教育心智：对日本学前和小学教育的反思》（Educating Hearts and Minds: Reflections on Japanese Preschool and Elementary Education）。特别是在1996—2000年间，她在日本不同地区的40多所学校进行了研究课的观摩，并有针对性地采访了75位日本的小学教师和和管理者。一个有趣的现象是，每当刘易斯问起日本的教师什么对他们的科学教学影响最大时，教师们的答案都是一致的：研究课。

刘易斯博士与一位日本同行合作发表了几篇关于日本研究课的文章，但在当时并没有引起美国教学界多大的关注。美国教学界认为在日本学校普遍盛行的研究课在美国很难实行，因为日本和美国不同——日本是一个教育集权的国家，全国使用统一的课程，而且广大教师有合作和批判性反思的传统。但是紧接着，情况就不同了。1994年，克里·费尔南德斯和詹姆斯·施蒂格勒在美国成立了第一个课例研究小组。1999年，美国学者施蒂格勒和黑巴特（James Hiebart）出版了《教学的差距：为改进课堂教学来自世界教师的精彩观点》（The Teaching Gap: Best Ideas from the World's Teachers for Improving Education in the Classroom）一书，该书报告了第三届国际数学与科学趋势研究（TIMSS）对日本、美国和德国八年级数学的录像研究，其中专门有一章就是"课例研究"，这一章的内容基本由日本教育研究者吉田信发表的论文组成。该书的出版直接促使了美国人对课例研究兴趣的空前高涨。

在2000—2001年间，课例研究已成为美国几次州级、全美和国际大会的主题。其中，2000年5月，新泽西州开展了第一次大规模、开放式的课例研究专题会。同年9月，第一个全州范围内的课例研究行动计划在特拉华州启动。同时，第一个全学区范围内的课例研究行动计划在华盛顿州的贝尔维尤（Bellevue）学区启动。同年11月，第一次全美的课例研究研讨会举行。

截至2004年5月，全美有32个州、125个学区、335所学校的2 300名教师开始进行课例研究工作，成立课例研究小组达150个。[1]

据美国学者Jeanne Wolf 2012年的统计，课例研究在美国不同学段的学校参与比例为：学前（3%），小学（32%），初中（25%），高中（14%），大学教师教育（14%）。另外，课例研究在学科的实践比例为，即数学（46%），科学（12%），文学（7%），多种学科（2%），其他（7%）。[2]

一、日本课例研究的神奇

2004年，克里·费尔南德斯和吉田信的合著《课例研究：日本改进数学教与学的一种方法》（*Lesson Study: A Japanese Approach to Improving Mathematics Teaching and Learning*）在美国正式出版。施蒂格勒在给两位高足的力作所写的序里首先讲述了自己30多年前在日本遭遇的一个耐人寻味的故事：

> 第一次在日本一家商店买曲奇饼的经历让我终生难忘。当时我就用手指着面包房玻璃柜台里面那块我想买的曲奇饼——跟我在美国家乡的面包房里习惯一样。不过那正是两地相似仅此为止和日本文化开始扑面而来的开始。只见那位面包房店员拿起我要的曲奇饼，小心翼翼地用软纸包起来，轻轻地放到一个大小正好适合这块曲奇饼的金色纸盒里。接着她又取来一条彩色缎带仔细把盒子扎好，然后再把这个雅致的盒子放进一个

---

[1] 参见胡庆芳：《日本课例研究在美国的移植、变异与未来》，载《外国教育研究》，2006（4）。

[2] The World Association of Lesson Studies, "Challenging Practice; Enhancing Partnership; Nurturing the Child," 2012 WALS international Conference Abstracts.

带提手的漂亮拎袋里。其实包装曲奇饼并非一种偶然的做法，只是日本人处理许多事情的方法的一个例子而已，教与学也不例外。正如一块曲奇饼在日本可以发生的变化一样，由于周密的计划和准备，以及不断的改进和完善，一节课的教学在日本也同样变成了一件艺术精品。

序言的热情洋溢和书稿的实例诠释相映成趣，极大地吸引了全世界教育界对课例研究的关注。

日本教师和美国教师对课例研究的看法有所不同，但他们都认为有效的课例研究至少给学科教师提供了如下方面的机会：

1. 认真思考一个特定的内容领域、单元和课

日本教师普遍认为研究课非常有用，因为这样的课往往促使他们对一些关键问题以一种有深远意义的方式深入思考，比如，在这本教材中这一课的基本目标是什么、这一课与本学年学生的学习和进步有何联系、这一课与其他的课程领域有何联系等。并且教师们认为，如果他们不去思考这些问题，他们就不可能做课例研究。这就是开展研究课的目的和意义之所在。即便是教师没有认真思考他们某一天教的某一课，他们也必须思考对于研究课而言上述基本问题。

美国教师也注意到了课例研究给他们带来的深入思考所教的特定内容的机会。一位美国教师这样评价她自己做课例研究的体验："课例研究教会了我怎样教学。现在我不是去想'这一课涉及些什么内容'，而是思考'我想要学生从这一课学到什么'。"

2. 认真思考面向学生的长期目标

如前所述，日本的课例研究常常关注面向学生的宽泛的和长期的目标。每当听说日本某一所学校课例研究的目标是"让学生重视友谊、发展自己的见解和思考方式，以及享受科学"的时候，美国教师就会皱起眉头，一脸的疑惑："友谊与学习科学是怎么扯上边的？"美国教师从来只相信具体的、可测量的目标，否则的话，他们就会不知所云、一头雾水。

但是，对于宽泛而长期的目标的关注可能会给课例研究提供一

个有激发作用且统一的结构框架,从而把信奉这种目标的教育工作者聚合在一起。对于尝试过课例研究的美国教师来说,关注长期目标可能是教学改进中重要的但又缺失的一部分。一位美国教师这样评价道:"如果课例研究要关注的是长期目标,那我要告诉你实际的情况通常是,当你教学的时候,你没有时间去思考你当时想要学生学习的那种技能之外的东西。"

对课例研究长期目标的关注可能会支持教师发现一些有意义的教学策略,它们既促进学生学业的提高,又促进他们社会交往的发展。当教师们从促进友谊和提高学业两个维度同时审视教学时,他们就有可能两个方面都关注,而不是顾此失彼。美国教育的历史一直被钟摆所困:一边是"个性、人格和创造",一边是"严格而繁重的学业"。对此,强调学业进步和社会交际能力增强的长期目标有望制止各种可能的矫枉过正的做法,如以牺牲学生的动机、对学习和社会的责任为代价追求各级测试成绩提高。

3. 研究最佳的、现成的课

日本教师普遍反映,研究课为他们提供了难得的机会去学习同行教授同样的课的方法。比如,在观看"你能举起100千克?"的备课录像时,日本教师就比较了几种不同教授杠杆单元的计划。这些预案来自课本、教师自己先前的经验以及研究课。

美国教师则不大可能接触到这么多的教学预案、教学录像和研究课的报告。现在,一些研究机构和团体也开始意识到并利用技术和其他一些创新手段来着手开发类似的教师学习资源。

4. 深入细致地研习教材

日本教师还提到,研究课给他们提供了深化教材知识的机会,特别是新增添到课程中的那一部分内容。比如,当10年前太阳能增加到日本科学课程的时候,许多学校的教师主动把这部分内容做成研究课。研究课后,教师们还一起讨论培养学生与太阳能相关的什么样的知识和态度比较重要。学校还邀请科学家和科学教育工作者来听课,这样教师就可以直接请教有关新内容的部分。比如,一位教师就问道:"我想知道学生描述的三个条件(把电池靠近光源、使光更强、收集光）是否和科学家们的一致？"

换言之，研究课为这些教师提供了建立重要知识、发现个人知识不足以及补充必要知识的机会。学科专业人员，比如，通晓该学科领域的大学教师或课堂教师常常会参与到日本的课例研究活动之中。

美国教师也注意到，课例研究在帮助他们发现和矫正个人相关知识不足方面的作用，即给他们提供了一个有意义的情境，让他们去寻求更深刻的理解，并与同伴进行交流。美国教师认为，教师在备课之前就应当学习相关的知识内容，而日本教师认为，应在备课的过程中学习相关的知识内容。

5. 渐进地培养教学知能

课例研究有助于培养教师对教学的理解。比如，如何加工一课的内容使之更好地适合学生的接受水平？这种知能似乎在备课过程中和教学完成之后都能够得到培养。备课过程中，教师可以设想学生的反应再相应地设计适当的问题；教学完成之后，教师可以反思预案设计的每一个环节在课堂上的实施情况。比如，某小学的几位教师就曾反复修改过准备在课堂上呈现的画图，以保证醒目的视觉效果，从而使得学生通过比较可以发现繁杂的加法算法与简单的乘法算法的等同性。

在课例研究中，教师们往往会仔细考虑研究课上的每一个问题、每一个活动和每一种方法。通过观察学生，教师们可以清楚地发现某个特定的问题、活动或方法是如何激活或压制学生的学习的。

日本教师反映，他们从课例研究中得到了对于自己教学情况的反馈并从观察同行研究课中获得的教学技巧。比如，在一次研究课之后，一位听课的教师告诉其上研究课的同行："今天在你的科学课上，只有47%的学生发表了自己的看法。为了增加学生的参与，你不妨关注没有充分参与的另一半。"[1]

除了认为研究课是一种获得反馈信息和教学新技巧的资源之外，

---

[1] C. Lewis, "Does Lesson Study Have a Future in the United States?" *The Journal of Nagoya University*, Nov. 1, (2002): 1-23.

日本教师们还提及了研究课对他们教学哲学的影响。比如，一位教师就深有体会地说："过去我一直认为教学就是教师给学生传授知识的自上而下的过程。通过研究课的参与观察和讨论，我渐渐认识到，教学不是直接给学生知识，而是给他们机会让他们自己建构知识。我还发现，如果学生们没有体验到什么，让他们去理解也往往很困难，他们更多的做法只能是死记硬背。"

6. 持续地发展合作学习的能力

除了获得教学的技巧和方法之外，日本教师还谈到课例研究在教师中间创造的学习氛围的好处。他们认为，研究课上发生的情境本身并不能决定研究课是否成功，研究课的成功在于教师间合作展开的研讨给予了每一个教师难得的学习效果。正如一位日本教师所说："研究课并不是一次完成的一种课，它对于每一位参与其中的教师而言都是没有学习和反思时限的。无论是上课者还是听课者，研究课都是一个难得的学习机会，特别是其中的换位思考和合作交流过程的碰撞与相互启迪。"

美国教育研究人员理查德·埃尔莫尔（Richard Elmore）曾说："闭门造车是进步的绊脚石。"但是对于美国教师而言，类似日本的研究课要真正开展起来非常困难，因为美国教师几乎没有像日本教师那样有常规的机会和同行一起就课堂教学的改进问题而协同努力。在日本，教师一年里可能会参加10多次研究课，而在美国只有5%～13%的教师说他们"经常"或"很频繁"地相互之间听课。有参与过课例研究的教师深有体会地说："过去，如果我在教室里碰到了问题，我会去买一本书来寻找答案。如果这无济于事，我还会再去买本书。现在我意识到了，在学校可以敞开心扉和自己的同事讨论自己遭遇的麻烦和困难。"[1]

7. 逐步地提高课堂观察的能力

日本教师经常提到课例研究的好处是"观察学生的眼睛"。在研

---

[1] M. Yoshida, "American Educators' Interest and Hopes for Lesson Study in the United States and What It Means for Teachers in Japan," *Journal of Japan Society of Mathematical Education*, Volume 83, No. 4 (2001): 24-34.

究课上，教师会在教室里搜寻学生学习、动机和行为的信息，如学生在课堂前后对当前话题认识的变化、不喜欢回答问题的学生在课堂上的发言情况、学生相互之间启发和探究的程度等。当教师在研究课上仔细观察学生的这些信息时，教师就有机会更多地从学生的角度考虑教学的许多问题。当教师同行把观察的信息反馈给上课教师的时候，执教教师就会意识到他确实一直以来没有充分应对学生非言语方面的信息。

与学生的互动交流和进行课堂观察一直是美国教师的传统。他们对于学生是反馈教学信息的镜子的说法深信不疑。

二、美国移植课例研究发生的变异

从课例研究表现出来的特征看，日本和美国的实践表现出了不同的价值取向。

1. 达成目标：宏观、长远 ⟵⟶ 具体、短期

在日本，一般而言，当教师们针对一个有待改进的目标达成共识时，课例研究也就开始了。这种改进的目标通常被称为"研究重点"、"研究主题"或"重要目标"。比如，一些日本小学课例研究的目标是这样表述的：确保学生的基础学业能力，培养独特性，满足学生的个别需要，促进体现上述意义的教学；让学生体验到合作与学习的快乐；使教学能够吸引学生如饥似渴地学习。

日本教师即便是在考虑一个单科的目标时，比如数学或科学，其表述也常常是宏观和长期的，如"学生有学习科学的愿望"、"热爱大自然"、"成为问题的解决者"。因为在日本教师看来，长期目标有助于集中教师团队做持续的、深入的研究。

相比之下，美国教师常常对日本同行这样宏观而长期的目标感到颇为惊讶，因为前者的目标都是短期的、微观的、具体的、可测量的，并且主要集中在学术性方面。具体而言，美国开展的课例研究主要倾向于以下方面：课例研究的目标只集中在学业结果方面；课例研究目标的确定者是课例研究的领导者们，而不是课例研究的普通参与教师；课例研究的目标是达到一个具体的考试成绩，如

"提高州级测试中科学写作的得分"。

2. 课例内容：教学难点⟷考试重点

在选择课例研究的学科时，日本教师的选择通常是：针对学生学习的薄弱学科；现在学科教师认为难教的部分；现在变化较大的学科，比如新内容、新技术或新教学方法已悄然兴起和渗透的学科；强调日语和数学学科的课例研究，因为这些学科本身需要大量的教学时间，同时对其他学科的影响又具有根本性。

在美国，迄今为止，大多数的课例研究集中在数学学科，有一些课例也关注科学和语言艺术，但忽视学生人际交往和个性的健康发展，主要原因在于数学、科学等学科常常是州和学区的种种考试重点测试的学科。

3. 课堂观察：研究学生⟷评价教师

日本课例研究的最终目标是促进学生的学习和发展，所以教师在课例研究的过程中会更多地关注学生。日本教师从学生的学习、参与和彼此的对待方面搜集证据，比如，学生在小组中的学习方式、通过课程的学习学生关于"电"的概念是否发生了改变、学生是否表现出了兴趣和动机。当然，为了促进学生的学习和发展，日本的教师也从自己的行为方面搜集证据，比如给学生的所有提问、自己的板书、被提问的学生数。因为教师认为这些行为方面的证据与学生的学习和参与紧密相连，具有重要意义。

如果说日本教师更多的是关注学生的学习和发展，那么美国则有着注重对教师行为的课堂观察的传统。比如，在美国的许多学校，教师行为检查表就是通过检查诸如"教师运用特别的表扬"等表现来评价教师教学的规范性。美国的课堂观察常常与评价教师有关，而较少对学生经验进行广泛的研究。

4. 研究手段：现场观察⟷技术辅助

现场研究课是课例研究的核心，相对于录像带和教案而言具有不可替代的意义，以至于在日本，教师有时跑到几百英里之外的地方去参加研究课。

学生的学习和发展是不可能仅仅通过浏览教案或观看课堂录像

带就可以评价的。在日本，录像带、文本案例、教案、照片和学生作业也常常被广泛用作参考以了解教师的教学信息，但是，这些材料只是对现场研究课的一种补充，而不能取代之。相比较而言，美国的教师很注重开发电子的和录像带形式的课例研究，之所以如此，是因为他们认为这样使得课例研究对于分散的教师而言更加方便，时间安排也更加灵活。

三、课例研究成功实践的必要条件

课例研究在日本的盛行以及在美国移植后产生的变异事实让美国学者进行了深入反思，反思后，他们认为课例研究的顺利开展需要以下条件保障：

1. 统一而精要的课程内容

在日本，教师人手一本内容精要的《学习规程》（*The Course of Study*），但可供选择的只有国家认可的几种教材版本。相比较而言，美国的课程标准庞杂，在联邦政府的基准上，各州、各学区还有自己的标准，各学校再据此作要求，各教师再选择和组织合适的教学材料。第三届国际数学与科学趋势研究的有关报告提道："日本8年级的科学课本就只涉及8个主题，而同年级美国的课本平均超过了65个主题。同样在介绍杠杆的时候，日本课本平均用了22个句子，而美国课本则平均用了131个句子。"[1]在如此庞杂的内容面前，美国教师也因此不得不首先要判断是否教授杠杆的内容，因为不同年级都会涉及这种简单机器的话题。而且，即便是确定了要教授杠杆的内容，美国教师也不得不着手处理6倍于日本课本内容的详略问题，如此一来，教师们在总的教学时间并不比日本同行多的情况下就没有多大的空间充分地合作研讨了。

日本教师一般有12~14个课时帮助学生掌握与杠杆相关的3个话题，因此，他们可以投入足够的时间来研究这3个话题的最有效的呈现方式，而不至于像美国教师那样只能在厚厚的课本里寻找要

---

[1] J. W. Stigler, J. Hiebart, *The Teaching Gap*: *Best Ideas from the World's Teachers for Improving Education in the Classroom*, New York, Free Press, 1999, pp. 48-49.

教授的重点。因此，具体落实到杠杆的章节，美国教师一般都只会有1个或少数几个课时的使用时间。于是，人们便有了这样的印象：美国的小学科学课本是让小学生读科学，而日本的小学科学课本是让小学生动手做科学。

此外，日本的教师一般都会在同一个班级执教两年，并且每个年级都会循环教到，因此，同一学科的教师对于同一单元的内容都会有自己的经验，因为他们曾经或者即将教授这样的内容。相比之下，许多美国教师是在反复地教同一年级，并且，即便是在同一所学校任教相同学科的教师使用的教材也会不一样，因此，同一学科教师之间教授相同内容的经验变得少之又少。

值得一提的是，日本小学的教材都由小学教师自己编写，内容都来源于他们的教案。正是因为日本教师教授的内容是由教师自己编写且以课为单位组织的，所以他们对教学内容往往驾轻就熟，在教学时间内有宽裕的时间用于教学改进，比如合作备课、观摩、讨论、改进。

2. 稳定而成熟的教学内容

尽管一些日本的教育工作者会抱怨日本教育对变化有些迟钝，但是，日本教育厅的官员对此进行了解释：从理论上讲，学校教学的内容每隔10年需要做一次变动，但事实上，10年对于改变课堂的教学而言只是很短的时间，特别是如果每隔10年对教学的内容改动太大，教师们就会晕头转向。因此，教学内容大的变动在日本基本上是每隔20年才轮到一次，其间只是一些局部微调。

相比较而言，美国的教师压力比较大，面对变动不居的教学内容，教师往往被要求在一两年内就将其全部执行并且出成绩。

3. 固定而规范的合作制度

关于如何营造课例研究氛围，日本学校的管理者给美国教师作出了幽默而又寓意深远的解释——"打沙滩排球"（volleying a beachball）。或许这是答案的一个部分，因为教师通过共同的活动确实可以培养起团队合作精神，而共同的活动和经历本身又提供了参与者之间交流的实质内容。在日本的小学，教师之间相互备课和相互听课是司空见惯的事情，教师之间相互代课也比较普遍，因为在日本的学校，短期的代课是不聘请校外的代课教师的。

在日本，教师有责任为校内同一学科的教师开展研究示范课并参加在校外举行的学科研讨会且要整理汇报给未与会的同行。在日本教师的头脑中，同行的经验和相互之间的交流是每一位教师成长的源泉，并且专业的成长从模仿开始，没有模仿就没有超越。

日本教师和美国教师在校的时间大致相同，或许稍长一点，但是日本教师在没有课的时候的相互讨论、交流和观摩要比美国教师多得多，并且其中更多的是自愿和自发的行为。在对"教师是天生的还是后天培养的"问题的认识上，日本教师一直笃信教师是后天培养的，其中集体智慧的参与功不可没。

4. 反思且唯美的专业精神

在日本的学校，乃至整个社会，自我批判和自我反省作为一种修养在被推崇和强化。教师和学生都以追求完善品格的热情来规划自我提高的目标。他们的实践证实，淡化外部的评价可以创造一种敢于解剖自我不足的安全心理环境。

在日本的学校，教师发现自己的缺点和接受同行的指教与批评被视作个人修养和综合能力的体现。这样的批评也常常是建设性的，不局限于个人。共同设计研究课的做法本身就是责任的分担。

5. 和谐与发展的教育信念

课例研究在日本盛行的另一个条件在于教师把学生当作完整的人来对待的观念和做法。日本的小学教师把他们的工作看作"教养孩子"，有的学校认为自己的使命就是"创造幸福的记忆"。

对学生给予"全人"的关照是一种重要的教学支持。比如，日本的科学课教师把学生科学课的成功建立在一种从小学开始就培养的深厚的自信、敢闯、不屈不挠的心理素质之上。日本的科学课也很难移植到异质文化的外国，因为那些国家的学生可能从小就是置身于崇尚外部奖励的、对学习和班级秩序没有责任感、对同伴或社会很少奉献爱心的成长环境里。

对学生"全人"观念的强调也为课例研究提供了重要支持。课例研究追求的典型目标之一就是在发展学生个人心智的同时追求个人品质的完善。对学生品性和智力发展的同时强调使得课例研究对每一个教师而言都具有必要性。在日本,研究人员曾让教师回答这样两个问题:"我们应当如何教科学?""学生现在的发展水平和期望的水平之间最大的差距是什么?"很多教师觉得第二个问题最发人深省、影响深远,因为它触及教学的终极目标,即人的全面发展。同样,这也是课例研究面对的核心问题。每一位教师的影响都有局限,教师是一个集体,只有共同的作用才能实现这样神圣的目标,同时课例研究的展开也把教师自然地团结成一个合作的整体。

第三节 课例研究传播全球

据世界课例研究协会(The World Association of Lesson Study, WALS)对2007—2011年的回顾总结,课例研究通过该协会的努力已经在全球25个国家和地区得到了积极推广与卓越实践,范围包括日本、美国、新加坡、韩国、中国、中国香港、中国台湾、中国澳门、澳大利亚、加拿大、英国、法国、西班牙、瑞典、斯洛伐克、匈牙利、瑞士、土耳其、以色列、菲律宾、越南、文莱、泰国、马来西亚和印度尼西亚。这些国家和地区基本上都非常清醒地认识到,教师质量是提高整个教育质量的诸多关键因素之一,它们都积极引进日本旨在改进课堂质量并广泛实践着的、教师群体的一种合作行动,即课例研究。

除此之外,课例研究还通过其他组织在全球许多国家进行传播。例如通过日本国际协力机构(JICA),课例研究还传播到了蒙古、柬埔寨、孟加拉、老挝、加纳、赞比亚、莫桑比克、南非、危地马拉、洪都拉斯、尼加拉瓜、萨尔瓦多、哥伦比亚、玻利维亚、智利等20个国家。

2006年以来,通过亚太经合组织(APEC)参与课例研究项目的国家达17个,包括俄罗斯、墨西哥、秘鲁、圭亚那等。

2011年11月25—29日,世界课例研究协会第七次国际研讨年会在日本东京大学召开，来自16个国家的400多位代表与会。该次年会的主题是"促进学习的专业共同体"（professional communities for enhancing learning）。正如日本东京大学教育学院教授佐藤学在欢迎辞中所言，尽管课例研究大约在一个世纪之前起源于日本，但是今天它已传播到许多国家，并且在很多国家已经成为促进教师专业发展的有力工具，比它在日本更具活力和能量。面对不同的生活、文化和政治背景，课例研究的实践在方法和途径上也越来越多地呈现出多样性，并且适用于不同的学科。东京搭建的这个平台将提供充分的机会帮助世界所有关心课例研究的同仁更好地认识课例研究越来越复杂的方法和更多付诸行动的可能性。

例如，英国课例研究的经验是，针对每一次教学的内容，教师在教学设计时区分出高、中、低三种不同层次的要求水平，即要求不同层次的学生各应该达成什么样的水平，然后不同的教师重点关注某一次层次要求的学生在课堂学习过程中的表现，再基于学习效果对其评价，教学后，教师们再集体反思设计与达成之间的相似程度及其原因，然后提出改进实践的新设想。

中国香港课例研究的经验是，变异理论支撑针对学生学习的研究过程：第一种变异是学生理解所教内容的方式，第二种变异是教师在处理学生学习内容过程中表现出的理解和方式的变异，第三种变异是把变异作为一种教学设计的原则。另外，中国香港的课例研究特别强调对学生进行课前和课后的访谈和检测。

越南课例研究的经验是，依托已有的专业教师会议（Professional Teacher Meetings）并对其进行改造：聚焦研究课观察以及课后研讨而非仅仅停留于运用课例研究的方法进行设计；聚焦学生的学习过程，而不是教师教学的方法；把录像作为教师反思自己实践的有效工具；学校领导融入组织教师进行观察和反思的课例研究活动之中。

马来西亚学者利姆（Lim Chap Sam）在比较了国内一些专业团体开展的课例研究后总结了高质量课例研究的实践经验：课例研究程序由有经验的教师监督和管理，并得到学校管理者的支持；

教师一般分成3~4人规模的小组，以增加小组在时间上的灵活性；根据年级进行分组，减少教师的专门化程度和时间限制；建立学区范围内的教师网络，在课例研究中进行分享、学习和合作。

美国加利福尼亚州米尔斯学院的教授刘易斯认为，起源于日本的课例研究之所以能够迅速在许多国家得到实践，主要是因为这种方法可以解决有关教学改进的三个难题：一是促进了教师知识的迁移，即把从各种渠道学习到的知识运用到课堂教学的实践之中；二是形成了教师学习型组织，即本来是教师个人化的课堂教学经由课例研究变成了大家共同关注和协同改进的专业实践，学生也不再被分成是"你的学生"或"我的学生"，而是"我们的学生"；三是擦亮了教师观察学生的眼睛并由此培养了教师基于学生反馈而改进课堂教学的情怀。另外，刘易斯还提到，日本的课例研究还有两个往往被外界疏忽的特点，即通过课例研究改进了教材的编写，以及课例研究的实践成为检验教育政策的有效方法。

2012年11月28—30日，世界课例研究协会第八次国际研讨年会在新加坡召开，由新加坡国立教育研究所主办，来自25个国家的1 200多名代表与会。会议的主题是"挑战实践，促进合作，培育孩子"（challenging practice, enhancing partnership, nurturing the child）。

在该次年会上，日本东京大学的秋田喜代美教授提出，课例研究的目标取决于教师在学校中的需要，它们植根于独特的社会文化情境。他强调，重要的是教师如何持续、系统地将"儿童的学习和发展"与"课堂教学及学校改革中的创造"结合起来。秋田喜代美还对2005年以来全球围绕课例研究的研究进行了分类，概括出以下九个方面：课例研究与教师学习及专业发展，在某些学科上的新实践，学校课例研究的创新与课例研究过程的分析，学校的课例研究管理体系（组织系统、学校领导力），来自外部的支持系统和合作，课例研究对学生学业表现的影响，课例研究的调查（如调查教师对课例研究的信念等），课例研究的比较（学校层面，国家层面，课例研究的历史），课例研究的理论创新。

中国香港特别行政区香港教育学院的高宝玉教授将课例研究分成为四个类别：过程性的观察及描述研究，寻找理论支撑的实践研究，实践模式的建构，经典理论推动下的实践创新研究。

此外，该次研讨会还就如下核心问题进行了广泛研讨：适用于本土的课例研究的原则是什么？教师的知识、信念以及态度如何发生改变？影响教师学习的因素是什么？如何构建知识？课例研究如何促进学习共同体发展？课例研究改变了教师的教学实践吗？怎样改变？课例研究提升了学生的学业表现吗？课例研究如何为教育改革的相关问题构建起专业知能？持续的课例研究如何促进教与学的改善？

每一届课例研究年会都是与会各国在推进课例研究过程中形成的新认识、新见解的碰撞，以及在推进过程中形成的有效经验与反思的交流与分享。近几年与会规模屡创新高的趋势反映出课例研究实践正在全球推广中逐步扩大，以及其对参与国教育教学的影响正日益全面和深入。

第三章 国内的传统教研活动亟待创新

第一节 传统教研活动的弊端

作为学校教师的一种常规教学研究，我国的传统教研活动存在诸多比较明显的缺失与不足，主要反映在以下四个方面：一是研讨缺乏重点，面面俱到有余而主次轻重缺失。正是因为"眉毛胡子一把抓"，什么都议，使得每一次的研讨活动主题都游离不清，研讨群体无法形成解决问题的合力。二是研讨缺乏深度，问题描述有余而归因分析缺失。也正是因为研讨蜻蜓点水，没有聚焦到关键问题与症结，所以最终常常是什么也没有讨论清楚，什么问题也没有彻底解决。三是研讨缺乏行动，以完成发言为主而落实改进缺失。群体教研的氛围与文化流于形式性参与和表面的热闹，很多时候成员们都是在坐而论道，并没有下定抓住问题不放松的决心，也没有将研讨的共识转化为接下来见效于课堂的行动，知行两方面没有合一而是分离的。四是研讨缺乏规范，以畅所欲言为主而提炼整理缺失。有时，教研活动也不乏智慧灵光闪现，行之有效的经验交流汇聚从而使得所有参与者顿生充实愉悦之感，但是由于没有形成规范的教研记录和总结的习惯，议完即结束，所以再次研讨到相同话题时一切又从头开始，就这样，多年以来学校开展的教研活动在低水平上循环往复，无法一步一个新台阶地实现教研活动的可持续发展。

下面着重从课堂观察和诊断评议两个方面进行剖析。

一、课堂观察

作为一种行动研究，传统教研实践活动中不可或缺的观课这一重要环节尚没有真正充分体现出课堂观察与问题诊断的专业性，凭经验判断的现象还比较突出，这在很大程度上制约了课堂教学问题从根本上得以解决的力度。纵观国内当前的课堂观察实践，主要存在以下方面的问题和不足：

（1）直接进入教学情境进行观察，淡化观察前对教学内容及教学目标的了解。课堂观察作为一种实践研究和问题诊断的专业活动，应当始于进入课堂前对要观察的教学内容以及当堂课教学所要达成目标的充分了解。这种充分的了解是观察的准备和前提，可以在使观察有针对性的同时，也使得课前计划和课堂实施具有比较的依据。观察者在进入课堂进行观察之前，就必须对即将开展的教学活动有自己的理解和设想。严格意义上的观察不是一种随意进入教学情景就可以实践的活动，观察前的准备不可或缺。

当前，在新课程推进的过程中，大学以及研究机构的研究人员也越来越多地深入到中小学课堂进行草根研究（grass-root research），特别是广大教研员、学科带头人等指导群体不仅亲身进行课堂观察，还适当地亲身演绎自己对新课程教学的理解。他们的经验表明，有了课堂观察前对教学内容及目标的通透理解，以及亲身的教学预设计，课堂观察的针对性和目的性就会大大提高，从而使得基于课堂观察发现的问题以及由此提出的解决策略具有更强的指导意义。

（2）紧扣教学内容的完成程度进行观察，注重教学的结果，强调精心的预设和预设目标的达成，对教学过程中偏离预设而由情境生成的新知识、新情境关注不够。传统的课堂观察是教学预设导向的，紧扣教学内容的覆盖和教学目标的达成，注重结果，却忽略了鲜活课堂上生动情境中动态生成的新知识。这种导向的课堂观察容易使得教师无意识地限制学生的个性思维方式,阻碍偏离预设答案的思想火花的形成。

教师在课堂教学中比较关注课前预设,注意力集中在如何完成预设的教学任务上。课堂中当学生的回答不是预设答案时,教师要么置之不理,要么直接往预设的答案上引导,不会创造机会让学生自由表达真实想法。当学生回答有困难或词不达意时,教师往往急于用填空式的问题帮其回答或换其他学生代为发言。许多年来,知识都是以结论的形式呈现,相关的各种评价也都是在考查学生对结论的掌握程度,致使课堂观察陷入了实践的狭隘误区而不能充分发挥其预警、诊断和到位指导的应有功能。

(3) 对教学环节或活动形式本身的重视多于对其质量和效率的深度审视。传统的课堂观察注重教学环节的完备和教学活动形式的多样。如果执教教师体现了这些形式,在评课中就会得到很多加分,但是这些环节和活动本身的质量问题却没有得到专业的审视与分析。

一个典型的例子是课堂教学的互动。新课程强调教师与学生之间、学生与学生之间的互动,于是许多教师在互动环节里连串提问,有的甚至满堂发问,学生齐声回答,但这样的问题往往不利于学生思维的发展,可能还会限制学生的思维,久而久之还可能导致学生思维僵化、丧失创造性。在注重教学环节是否完备的传统课堂观察活动中,形式化的教学问题往往会因为课堂气氛活跃而成为隐藏在现象背后的问题。

(4) 注重教师教的过程,淡化学生学的过程,特别是学生学习的情感体验和个性化学习风格的差异。传统的课堂观察注重教师教的过程以及学生与之的配合程度,可以说,这种课堂观察是以教师为中心的,忽视了教与学是一个过程中的两个方面。新课程积极关注学生学习过程中的情感体验和学习风格的差异,弘扬人文精神,力主对学生人格的尊重和生命质量的人文关怀。

新的课堂观察要体现新课程的理念,设置对学生学习差异性和内心情感体验关注的维度,力求全面观察教学经历的全部事件,真实、深层地反映教学过程中重要的反馈信息。教师对学生学习过程中情感体验和学习风格差异的尊重可以从许多的教学细节反映出来，包括尊重学生的隐私和人格、思维和表达的方式，以及创造性地设计适合不同学生认知方式的真实性任务从而达到殊途同归的教学效果。新课程的教学不仅关注知识与技能目标的达成，同时还强调过程、方法、情感、态度和价值观。在新课程实践过程中，围绕知识与技能目标的教学设计成为主流，其他的两维目标被边缘化。

（5）注重对规定教材内容的审视，对教师在课程二次开发过程中体现出的智慧与创造关注不够。传统的课堂观察注重对规定教材内容的审视，以教材为本、以教材为纲的思想过于突出，限制了教师课程实施的创造性。适应了传统课程教学的教师最不适应新课程的地方，就是产生了没有教参的失落感。"用教材而不是教教材"的观念转型要求教师不能停留在教材本身所呈现的知识框架上面，而要根据学生的具体情况做灵活调整，或整合、或拓展，从而真正实现"用教材来教"。

新课程表达了"教师即课程"的先进理念，手头的教材只是一种参考文本，还需要教师个人基于自身的经验和理解对教材进行二次开发和加工，最终实现把专家编制的课程变成教师自己理解的课程，并在鲜活的课堂上和学生合作建构起教师与学生共享的课程。新课程的理念反映到新的课堂观察中，就要求课堂观察充分关注教师对课程进行二次开发的程度。

二、诊断评议

基于课堂观察的诊断评议是一种重要的和"专业性的教研活动"[①]。但是，传统的教研活动中的评课环节尚未充分体现出课堂诊断的专业性含量，存在的问题还比较突出。

（1）评课无关痛痒，不解决实际问题。在传统的评课中，如果遭遇教研员批判和挑刺太多，执教者大多敬而远之，徒生隔膜；如

---

① 胡庆芳等：《校本教研实践创新》，9页，北京，教育科学出版社，2007。

果遭遇同行直言不讳，执教者十有八九反唇相讥，只增嫌怨。长此以往，评课者往往碍于情面说些无关痛痒的话。"不说不足，不说失败，免得背后招人气怪。"评课变成走过场，甚至异化成虚假的恭维，只唱赞歌，不讲缺点，不解决任何实际问题。

（2）评课只凭直觉，不突出要害中心。评课需要有准备的头脑，需要评课教师在听课之前对当次课的教学目标和教学内容有基本的了解，以便在听课过程中有意识地关注自己认为重要或关键的环节或问题。但是，在听课实践中，主课教师毫无准备地进入课堂开始听课的现象很普遍。由于是没目的的听课，评课教师在评课环节往往只凭直觉感受，想到哪里说哪里，并美其名曰"抛砖引玉"，其实只是眉毛胡子一把抓，抓不住要害，没有中心观点或主题。

（3）评课以经验为主，缺乏理性高度的专业论断。评课是一种基于专业的判断，需要评课者以专业的眼光来审视课堂上发生的师生之间的交互行为。但在评课实践过程中，评课教师往往个人经验主义至上，个体经历过和认识到的做法和模式成为检验一切课堂实践正确或可行与否的标准，缺乏理性的专业论断，评课失去理论依据或支撑。

（4）评课以评价为主，缺乏具体可行的改进建议。在新课程的推进过程中，促进教师专业发展的现实任务要求评课不能停留于当次课是好还是差的简单判断或结论上，而需要评课教师针对当次课的实际情况提出进一步完善的建议或扭转"败局"的出路，使评课真正具有促进和发展的功能，这样评课的意义才可以得到很好的升华和扩大。

（5）评课以片面居多，缺乏把握全局的系统眼光。课堂教学是一个系统，它是体现教学目标、关注学生起点和最近发展区、受制于可利用的课程资源以及教学时间等多种因素综合的产物或结果。因此，这在客观上要求评课是一个系统性的工作，不可能只顾一点不顾及其他，需要评课者有全局眼光和系统思维。任何孤立强调一个环节或独自深究一个问题的做法都是片面的。

（6）评课以发言为主，缺乏观点主张的交流互动。评课是一个多方智慧共享的过程,这就要求评课者与执教者之间、评课者之间都有充分的对话和商讨,让思想碰撞、观点交锋,从而使各方对一节课的认识都更加全面和深入,各位参与者都能从这一过程中取得收获和进步。但是,在现行的评课过程中,评课者往往是各说各的,使得执教者也往往是莫衷一是。

第二节 日美课例研究的启示

从日本和美国的实践可以看出,课例研究是基于日常教育教学中需要解决的问题,在教育教学的过程中持续地进行实践改进,直至问题解决的一种研究活动。正如美国学者崔瓦冉愈(C. Triwaranyu)所言,在课例研究过程中,"教师们系统地研究课堂中教与学的行为,以达到改善教师的教学经验和学生的学习经验的目的"[①]。它明显地体现出以下四个特点:一是基于专题,即课例研究要立足于确定的专题统领研究的活动,专题性十分突出。二是持续研究,即课例研究要紧扣出现的问题进行跟踪研究,持续性明显,并且始终处于未完成状态,后续研究还可以丰富和发展已有的结论与观点。三是见证效果,即课例研究要围绕问题的解决达到改进的效果,实效性是实践研究本身的要求。四是形成成果,即课例研究要描述研究过程并形成研究报告,推广性是其在实效性前提下扩大成果影响和应用价值的后续要求。

一、课例研究和我国传统教研活动的区别

把日本和美国的课例研究与我国传统的教研活动进行比较,可以从中发现诸多差异。

(1)课例研究课不同于日常的示范课。前者主要是研究问题,所以尽管由集体设计,但通过研究仍可能发现许多问题;后者主要用于经验推广,所以即便美中不足,但教师仍可以择其善者而从之。

---

① C. Triwaranyu, "Models and Strategies for Initial Implementation of Lesson Study in Schools," International Forum of Teaching and Studies, 2007 (3).

（2）课例研究过程中的听课不同于日常的随堂听课。课例研究过程中的听课本身有明确关注的问题，是为了解决既定的问题而深入课堂进行观察；日常的随堂听课主要是为随后的发言活动提供内容材料，或者是学校领导为了解教学情况而走进教室以便于在课堂情景中随机发现问题，并以此作为整顿教学秩序的教材。

（3）课例研究过程中对课的评议不同于传统意义上的评课。前者主要紧扣发现的问题进行原因诊断和改进研究，所以尽管评议时会因意见相左而争论激烈，但参与者都感觉充实而愉快；后者更多地停留于评价执教教师课程实施水平的高低，所以往往不是赞美取代研究，就是微词引来嫌怨。正如日本东京大学教育学院教授佐藤学所言："单纯对课好坏的评价只会造成彼此的伤害。"[1]

（4）课例研究与日常的教研活动在每一次听课评课结束后出现的情形也对比鲜明。课例研究过程中的听课评课结束后常常需要针对同一教学内容进行持续几次的再施教和再改进，而日常教研活动的听课评课后，一次活动的组织完成或大家认识到教学中的问题出在哪里就算达到了目的。

由此看来，做课例研究需要课的真实和常态，而常态的课总是存在这样或那样的问题，所以课例研究课在这个意义上就等于有问题的课，而且这样的问题也是在研究和突破已有问题的过程中出现的新问题，因此课例研究过程中有问题的课并不等于为教教材而教教材出现问题的课。课例既是研究的内容，也是研究的载体。课例研究既是教学研究的过程，又是实践改进的过程。课例研究不仅研究过程很重要，其成果也可以成为培训资源。课例研究不仅是专业研究者深入实践的优良"接口"，还是教学工作者专业发展的良好途径。课例研究基于学校课堂教学场景，基于反思性实践，致力于学生的真实发展。教师面对日渐深入的课程改革，需要课例进行专业引领，需要行为跟进的全程反思。课例研究倡导草根化的课堂教学问题研究，帮助教师发现课堂中潜在的真实问题，共同寻找研究点，

---

[1] ［日］佐藤学：《静悄悄的革命：创造活动、合作、反思的综合学习课程》，109 页，长春，长春出版社，2003。

共同商讨，共享经验与成果。

二、课例研究的卓越实践对我国传统评课活动的启示

借鉴日本和美国开展课例研究过程中评课的卓越实践，可以找到优化和改造我国传统评课活动的方向。

（1）评课要从孰优孰劣的评价区分转向教学问题的诊断与研究。顺利实施新课程从客观上要求作为教研活动重要形式的评课活动加大研究和专业判断的力度，使评课为更有效的教学活动指明方向。

例如，在一次初中英语想象作文的教学活动中，执教者在语言热身环节设计了通过演示自己假期武夷山之行的照片以及师生的语言互动导入假期旅游的话题，并通过学生讲述现实生活里的一次旅行来进行英语语言的运用与实践。但是评课者经过观察发现：从师生互动的效果来看，学生回答的信息量很有限，"热身"环节并没有"热"起来；从学生现实生活里一次旅行经历的讲述质量来看，英语语言运用和实践的整体水平还略显不够。评课者对此进行了专业的判断和充分的归因分析，看似如行云流水的教学环节存在着严重问题。

（2）评课要从习以为常的坐而论道转向教学行为的改进与优化。评课不仅是一个研究过程，还是一个以改进实践为目的的行动研究过程，因此，每一次的评课总是要对如何做进一步的改进这样的问题给予中肯而明确的答案。除此之外，意见与建议不能只停留于口头或书面的记录，更为重要和关键的是落实于随后课堂教学行为的改进与优化。

（3）评课要从见仁见智的各执一词转向主体之间的倾听与回应。评课是一个智慧分享的过程，围绕一个话题的讨论不仅是仁者见仁、智者见智，更是仁者与智者的相互沟通与交流，共同把一个问题的研讨引向深入。没有思想的交锋，所有参与者的认识就会停留于参与前的固有水平。如果在该过程中，不同的思想真正进行了碰撞、对质与阐发，崭新的思想就会孕育其中，从而使得每一位参与者都

感受到心灵的愉悦和精神的充实。

（4）评课要从教师群体的活动专场转向师生同台的把脉与协商。以往的评课活动都是教师、教研员或教育专家等成人的专场，他们全都以成人的眼光看待发生在未成年人组成的课堂上的一切信息反馈与情景表象。但是，教学是师生双向交流互动、共同演绎的一段旅程，因此，任何形式的评课如果仅以教师的说课来诠释课堂上教学行为背后的意图显然是不够的，评课时还应当倾听来自学生的声音，因为它是学生对课堂上表现出来的行为与反应的真实诠释与解读。现在，不少学校在开展教研活动时常选择一些学生代表参与教学的研讨，从未成年人的世界与眼光来评价教师的教学设计与课堂实施的适切程度已成为不可或缺的一个研讨视角。

第三节 国内课例研究的概貌

20世纪90年代后期以来，"教师即研究者"以及教师校本化专业发展等思潮开始全面影响我国。随着基础教育课程改革的兴起，2004年教育部基础教育司发出《关于开展"创建以校为本教研制度建设基地"的通知》，要求全国各地积极探索"推进教师学习方式、工作方式和研究方式的变革，切实加强教研活动的有效性和针对性"，有力改造传统的教研活动及其制度，努力培育民主、开放、务实的教研文化。一时间，以教师为研究主体、以学校为研究基地、以课堂为研究对象、以校本教研实践创新为直接推动力的课例研究新范式开始在一些地区的中小学付诸实践，对课例研究的研究及实践渐渐成为教育界的新鲜事物。

2004年6月，上海市"创建校本教研制度建设基地"项目由当初的四个区，扩大到包括青浦、静安、普陀、浦东、徐汇、长宁、金山、宝山在内的八个区。同年8月，在上海市教委领导的主持下，上海市教育科学研究院与上述八个区的教育局签订共同推进校本教研实践创新的合作协议，并将以课例为载体的教学研究作为共同的行动方向，由此组成联合项目组。在以课例为载体进行校本教研实践创新合作推进的过程中，各个区探索积累了行之有效的富有区域特色的做法与经验。

例如，青浦区注重发挥教师进修学院教研员的专业力量，要求各个学科的教研员深入各学校课堂教学第一线，发现教育教学实践中存在的突出问题，再把问题提炼转化成为研究的小课题，同时联合大学及专业研究机构的研究者，以教学专题研究的方式让教师在教学教研全过程中得到专业指导。

普陀区以教育学院为龙头，以课堂观察技术的开发为载体，吸收基层学校的教研骨干一起组成课例研究推进先行组，深入课堂教学的场景，开展课堂教与学行为的观察，对观察数据进行分析与判断，最后形成课堂教学诊断报告。

长宁区教育学院注重发挥区内学科带头人、骨干教师等的专业力量，并通过"师带徒"的形式开展基于教育教学问题的研究解决，使教师亲历如影随形的课例研究的"影子培训"。

浦东新区在全区推进"课堂教学改进计划"，新区教研室设计了面向所有教师的专用手册《课堂教学改进计划指南》。该手册包括四个方面的内容：教学优势分析，用于肯定成功的教学方法；教学不足分析，找出激发教学潜能的地方；改进目标和改进措施，提出提高教学效能的思路和对策；改进过程记载，供深入分析，并建立教学档案。"课堂教学改进计划"以解决课堂教学中存在的实际问题，改进课堂教学实际工作为首要目标。"课堂教学改进计划"制定和实施的核心是"专业引领、行为跟进、同伴互助、自我反思"。

静安区教育学院则以校本教研文化的培育为突破口，首先从区内各学校教研活动氛围的营造入手，积极鼓励教师反思实践、发现问题、敞开心扉、平等对话；同时积极推进全区各学校的"教学开放日"建设，鼓励越来越多的学校开放教室的大门，欢迎校内外、区内外的教育同行、专家学者随堂听课和参与学校教研活动，形成民主开放、兼容并蓄的教研文化。

在这样的文化氛围中，教研共同体有效达成所有成员多视角审视课堂教学的目的，所有成员一起分享彼此的有益经验，共同分析解决遭遇的疑难困惑。如此一来，教师之间逐渐形成了相互支持、坦诚合作的教研同盟。教师在浓厚的校本教研文化的氛围中获得了专业的持续发展，同时，教师专业水平的提高又进一步丰富和发展了校本教研文化的内涵。

2005年和2006年，中国香港特别行政区香港教育学院连续组织了第一届和第二届国际课例研究年会，中国内地的上海、北京等地都有代表与会研讨。通过与国际教育界的交流与分享、学习及借鉴，课例研究在内地越来越朝向与国际接轨的节拍探索课例研究的热点问题。在这一扎根课堂的行动研究历程中，课例研究逐渐成为沟通教育教学理论与课堂教学行为、专业研究者和教学工作者之间的桥梁，"回归课堂"成为教育教学研究返璞归真的新潮流，理论向实践转化以及基于实践的问题研究反哺实践的价值理念逐步得到强化。

2007年，由上海市教育科学研究院专业研究人员组织翻译的日本学者吉田信和美国学者克里·费尔南德斯合著的《课例研究》，在河北人民出版社作为《中小学校本教研热点译丛》的第一本正式出版，进一步推动了课例研究在全国各地的学习与借鉴。

自2007年以来，浙江省的嘉兴市、杭州市余杭区、桐庐县、安吉县等地分别将课例研究作为全省"领雁工程"、90学时培训以及高端教师培养的重要形式与内容，紧密依托上海市教育科学研究院、华东师范大学、浙江大学等机构的专业指导力量，比较系统完整地形成了以课例为载体、参与式培训的运行模式，即第一阶段为教师理论素养的普及提升，第二阶段为专家示范引领的研究体验，第三阶段为教师主体实践的专题研究，第四阶段为指导同伴研究的辐射带动。

2008年，北京市西城区教育研修学院"课例研究"研修项目工作站成立。研修学院以"行动教育"为理论支撑，积极促进教师在职学习方式变革。研修活动旨在通过课例研究将教师的进修、研究和日常教学实践紧密联系起来，在研究中增长教师的实践智慧。参与项目的中、小、幼学段12个学科、23所中小学、幼儿园，120多位教师、教研员等与原上海市教育科学研究院教师发展中心、中央教育科学研究所、首都师范大学、北京教育学院的研究人员、教授等多位专家以及研修学院组建了多方合作研究的团队。[①]

2009年6月,江苏省教育厅召开规范办学行为、深入推进素质教育工作会议,正式启动全省范围内中小学规范化、优质化办学工程。其中,课堂教学研究专项行动积极倡导"课例研究,活动促进"的推进策略,引导广大教师以课例研究的方式加强教育教学的实践研究,并充分强调省教育科学研究院和教研室等机构的专业支持作用,依托研究有力推动基于新课程标准的课堂转型,着重于教学目标、教学时间、教学任务、教学方式的结构性改变,着力提高教学的针对性和有效性,切实贯彻素质教育。

2010年,广东省深圳市教育局启动中小学课例研究成果征集及在线展播活动的评比活动,共征集中小学各科教学及研讨1 132节次,经市、区教育局教研部门组织专家评审和网上公示,最终共有242节次课例研究成果获得"课例研究最佳网络资源奖",有力地推动了课例研究在全市中小学的广泛开展。

2011年,浙江省教育厅以浙江省教育改革和开放试点项目的形式积极推进各地课例研究的培育工作。如金华市教育局以基于课例研究唤醒教学自觉为重点,推进区域中小学教学改革。该地区的改革预期3年,分两条线齐头并进:(1)中小学学科方面,24个学科分别以子课题的形式确立研究方向和研究内容。各学科以金华市教研室教研员为组长,负责各学科教学模式的梳理和学科优质教学评价标准的修订工作。项目实施与金华市中小学精品课程建设紧密结合,通过精品学科建设,搭建项目实施的平台,如名师工作室建设、网络工作室建设、精品课堂展示等。从2011年9月开始,各县、市教研室策划了一系列实践性强的有效教学研究活动。(2)试点学校方面,在2011年9月前确定试点学校,项目覆盖全市9个县(市、区),每个县(市、区)确定一个年段重点推进,各县(市、区)确定5所左右学校作为骨干学校重点推进,在取得经验的基础上全面

---

① 参见苏婷:《教师在"课例研究"中合作成长》,载《中国教育报》,2008-11-28。

推进。浙江省天台县教育局则以中小学小班化教学的课例研究及对比试验为龙头，以课例研究的方式积极探索有效的小班化教学组织策略和教学策略，从而为全县中小学小班化教学的管理及实施积累经验。

2012年11月，在新加坡召开的第八届课例研究国际研讨会年会上，北京、上海等地的专家学者以及中小学的一线教师代表与会，积极分享了近年来国内课例研究区域实践的新经验，同时也了解了世界其他国家在课例研究实践推进过程中积累的经验和形成的特色。这些都必将进一步推动课例研究多样化、深层次发展。

第四章　优化课堂教学实践的思路框架

第一节　课堂观察系统的构建

优化课堂教学有赖于对课堂上教与学行为进行观察所获得的数据进行深度分析。在进入到对课堂场景进行观察和针对问题进行归因诊断的过程中，必然要求观察者具有专业的视角，因为只有这样才能保证课堂观察的有效性和问题诊断的准确性，从而确保指向实践改进的"处方"具有针对性。

根据新课程标准的要求和基于实践教学过程中频繁出现的各种问题的分析，笔者研究建立了"五视角十指标三步骤"[1] 的课堂观察及诊断改进框架。

1. 主体互动：质量与机会

主体互动是指"教学活动的主体通过语言或行为的方式进行的信息交流"[2]。这里的主体就是教师和学生，肢体语言包含在互动方式之一的语言之内。课堂则是教师和学生通过不同方式的互动而演绎的一段通向预期目的地的旅程。

---

[1] 胡庆芳：《课堂教学研究的国际比较与诊断改进系统的建构》，载《教育科学》，2011(1)。

[2] 胡庆芳等：《精彩课堂的预设与生成》，21页，北京，教育科学出版社，2007。

没有主体互动的课堂是难以想象的，而表现出主体互动的课堂未必是教学有效的课堂。对主体互动的审视还需进一步考察其"质量"与"机会"。所谓质量，是指在主体互动的过程中，有新的、有意义的内容生成，同时师生之间的问与答都融入了积极的思维活动。否则，只有教师连珠炮似的提问和学生不假思索的回答，虽互动频繁气氛热烈，但仍不能被视为有效的主体互动。所谓机会，是指主体之间的互动机会对于每一位学习共同体的成员而言都得到了实现。参与互动是每一位学习共同体成员的应有权利。真正民主的课堂就是要保证主体间平等的互动机会，课堂上每一个互动环节都要尽可能地涉及更多成员，并且通过整堂课的各种互动环节，基本上使每一位成员都获得主体间互动的机会。如果课堂上教师只与少数几位绩优学生互动，或只与学生中一部分活跃分子互动，这种课堂就不能够被视为有效的课堂。经过对"质量"与"机会"这两个标准的深入考察，我们会发现以往许多课堂表演效果非常好的公开课尚有很大的改进空间。

说明：主体互动关注的是课堂上"人"的因素，既包括师生之间的互动，也包括学生之间的互动。

指引：

在主体互动的"质量"维度上应着重观察诊断：（1）学生有没有投入学习的状态？（2）学生有没有经历思维的过程？（3）学生在经历互动之后有没有产生新的认识与见解？

在主体互动的"机会"维度上应着重观察诊断：（1）教师有没有创造"民主参与"的课堂氛围？（2）教师与学生的互动是否具有开放性？（3）学生参与互动过程是否表现出积极性？（4）整堂课每一个学生是否都享受到了学习的机会？

2. 知识呈现：时机与形式

教学是教师在课前准备的教案基础上，通过课堂主体间的互动，对知识、技能以及情感等多方面进行体验、建构和共享的过程。

没有知识呈现的课堂与没有主体互动的课堂一样难以想象，但是，有知识呈现的课堂比比皆是，呈现的效果却又千差万别，其主要原因在于呈现的"时机"与"形式"是否恰到好处。所谓"时机",简言之,就是在恰当的时间呈现了适当的知识,不早不晚、不紧不慢。所谓"形式",简言之,就是把适当的知识以最具表达力的方式呈现出来,并使信息损失最小、主体间的沟通与理解最快捷。否则,知识即使呈现得再全面,但如果时机不对,也会造成主体认知的混乱,教学的效果就会打折扣;同样,知识的呈现即使如期而至,但是如果其形式不能最佳地传递其承载的内容,也会造成主体认知困难,教学效果也是有减无增。对知识呈现的"时机"与"形式"的把握是把教师新手和有经验的教师迅速区别开来的"分水岭",因为实践的智慧就蕴藏在其中。

对于知识呈现过程中"时机"与"形式"维度的审视,需要有对当堂教学内容的通透理解以及对学生情景认知的深刻洞察。一节同样内容的课,以不同的呈现形式或不同的呈现程序实现,课堂教学的效果往往大不相同。换言之,"好课"与"差课"有时候只有一步之遥,关键在于是否在恰当的时间以恰当的形式呈现了恰当的内容。

说明:知识呈现关注的是课堂上的"方法"因素。教学是一种艺术,教师在课堂"艺术"上表现的好与坏,与课堂教学质量直接相关。

指引:

在知识呈现的"时机"维度应着重观察诊断:(1)教师在引入新的知识之前有没有做好充分铺垫,包括对以往知识的回顾、情景的创设、问题的激发?(2)学生接触新的知识有没有表现出兴趣和关注?(3)学生对新的知识有没有顺利地接受和理解?

3. 教学环节:流畅与合理

"课堂是教师对教学的一种结构化的设计和演绎。"[①] 一堂课的起承转合是通过教学环节来实现的。每一节课都有教学环节,但并不是各教学环节按部就班完成就都能有效地实现教学的内容和目标,

---

① 胡庆芳等:《精彩课堂的预设与生成》,18页,北京,教育科学出版社,2007。

关键在于其间交替演进的流畅感与合理性。

　　一节课各教学环节的完成应当流畅，但并不是每一节娴熟流畅的课都是有效的。有些公开课可以把对每一个教学环节用时的掌控精确到秒，一切尽在预期中，教学效果流畅有余但学生认知不足。同时，一节课的环节之间需要有逻辑性，但是各教学环节有逻辑的机械组合却并不能演绎课堂的精彩。比如很多失败的公开课，其各个教学环节经过了专家的设计论证，不可谓逻辑性不强，但教师的演绎却如生搬硬套般索然无味。所以，有效的课堂一定既有如行云流水的流畅感，又有环环相扣的逻辑性。

　　说明：教学环节关注的是课堂的"结构"因素，一堂课本身应当是一个结构井然、环环相扣的整体。

　　指引：

　　在教学环节的"流畅"维度应着重观察诊断：（1）整堂课的教学环节是否清晰？（2）教学环节之间的过渡是否自然？（3）环节之间过渡的方法是否灵活？

　　在教学环节的"合理"维度应着重观察诊断：（1）整个教学环节的设计是否合理？（2）教学环节之间时间的分配是否合理？（3）环节之间的过渡是否存在顺承、拓展、升华等并列或递进关系？

　　4. 课堂知识：预设与生成

　　传统的课堂特别强调课前对知识的预设，比如充分利用本学科的教科书和教学参考书提供的信息资源。除此之外，经验丰富的教师可能还会涉及本学科领域内知识之间的前后联系、其他学科领域的相关内容，以及学习者的生活经验、社会知识。但是，在新课程理念指导下，课堂教学过程中的知识除上述静态信息资源之外，还应包括课程实施过程中动态生成的信息资源。换言之，学生也是课堂知识的建设者和生成者。他们往往会在教师预先准备的信息含量之外，通过主体间的情景互动以及思想的交流碰撞生成新的课堂知识，从而大大丰富预期的课程内容。

　　因此，"从课程资源的开发与利用方面而言，不仅要看教师对静态课堂知识的开发与利用，同时还要看教师对动态课堂知识的开发和利用。对静态和动态的课堂知识进行全面的开发和利用往往会使一节课的教学信息倍增,生成无数精彩"①。在教学实践活动过程中,真正自然而真实的好课往往都是执教教师充分利用课堂情景、创造设计恰当问题、积极挑战学生的思维、因势利导而水到渠成的结果。

说明：课堂知识关注的是教师课前的预设与课堂的生成之间的关系,一堂课的教与学就是一个预设与生成相互作用的矛盾运动。

指引：

在课堂知识的"预设"维度应着重观察诊断：（1）教师备课涉及的内容有没有很好地体现当堂课的内容要求？（2）教师课前预设的内容与观点有没有知识性错误？（3）教师课前的预设有没有很好地联系以往的知识（包括其他学科的知识）？（4）教师课前预设的知识量是否与学生的接受能力相匹配？

在课堂知识的"生成"维度应着重观察诊断：（1）学生在课堂学习中有没有针对先前学过的知识或课本提到的现有知识进行氛围的拓展？（2）学生在课堂学习中有没有针对先前学过的知识或课堂提到的现有知识进行深入的理解或认识上的突破？（3）学生在课堂上有没有生成新的有待于解决的问题或值得思考的有价值的话题？（4）与教师课前预设的知识量相较而言,学生在课堂上生成新知识的总量有多大？

5. 目标达成：计划与现实

教师对每一节课都有自身的目标预期。教师在课前根据对课程标准、课程文本以及学生起点的分析,设计出计划要达成的目标。教学目标的设计会对教学产生直接的指向作用,不恰当的教学计划必然导致低效或无效的教学。但是,经过对照比较发现,教学目标确实达成的课,其实际效果有时却并不理想。很多教学效果平平的课往往都是执教教师局限于自我预先设计的教学目标而忽视学生最近发展区内发展现状的结果。所以,在教学活动结束之后,学生在最近发展区内发展的现实成为反观教学目标达成度的另一个重要

---

① 胡庆芳等：《捕捉教师智慧：教师成长档案袋》,13 页,北京,教育科学出版社,2006。

指标。

说明：教学目标关注的是课堂教学的"目标"，任何课堂都是为了实现一个预定的目标而演绎的一段旅程。

指引：

在教学目标的"计划"维度应着重观察诊断：（1）教学有没有达成课前计划的目标？（2）教学与课前计划的目标的差距在哪里？（3）教学对课前计划的目标的超越在哪里？

在教学目标的"现实"维度应着重观察诊断：（1）在课前计划的教学目标下学生的课堂学习状态有没有达到理想的效果？（2）学生学习的真实起点在哪里？（3）学生有可能达到的认识高度与氛围在哪里？

上述五个视角是一个有机的系统与整体。主体互动关注的是教学过程中主体的活动，知识呈现关注的是关于教学活动的载体即知识运用的艺术，教学环节关注的是教学活动全过程展开的结构，课堂知识关注的是教学活动的载体即知识本身的形态，目标达成则关注的是教学活动的结果、状态。

在针对具体某一次课堂教学诊断的实践过程中，这五个视角不一定面面俱到，采用哪些视角取决于已经明确的问题性质或研究者的专题侧重。如果问题不明确，则可以从五个视角一一去发现和分析问题。

课堂诊断与行动改进的实践表明，核心的诊断视角确立之后，从问题的定性到科学的归因，再到解决的策略，形成了一套环环相扣又行之有效的操作流程：

1. 发现问题

以教学诊断和研究为目的进入课堂场景，必须要有明确的问题意识。针对课堂教学的诊断必须要抓住课堂教学中的问题，并且要在可能会有很多问题出现的情形面前，抓住主要问题和问题的主要方面进行定性分析。明确问题是追因诊断的前提。

2. 诊断原因

一节课主要的问题确定之后，接下来是尽可能全面而客观地追究该问题出现的原因。专业的敏感性和由此而进行的精准判断不可或缺。没有判明导致问题产生的原因，就不可能提出标本兼治的有效策略。追因诊断是提出改进"处方"的必由之路。

3. 实践改进

传统以评课代替课堂诊断的活动往往评论有余而行动改进不足，使得这样的专业活动被越来越不专业的内容充斥，使得课堂的改进收效甚微。以专业研究为支持的课堂诊断，直接指向教学问题的最终解决和教学水平的稳步提高。由此可见，问题的发现和原因的诊断，都离不开最终解决问题的"处方"，和依据"处方"进行的再次实践改进。这是行动研究的真谛。课堂诊断连同针对教学的相关评论都是途径和过程，课堂教学的实践改进才是最终目的。

需要说明的是，在实际的课堂教学诊断和实践改进过程中，从发现问题到诊断原因，再到实践改进，可能不是一条简单的流水线，而是一个循环往复、螺旋式演进的过程，因为在解决业已出现的问题的过程中往往又会出现新的问题，从而使问题变得复杂化。

第二节　教学评议标准的创立

在传统课堂教学的实践中，知识本位和理性至上的价值取向比较明显，教师主要按照学科的结构传递学科的课程内容，学生主要是最大限度地接受制度化的学科内容，教师与学生在这种模式下的教学过程中逐渐失去了主体间性的主动以及主体作为，共同演绎的活动更多的是被动与异己的存在。教师成为制度化课程的教学机器，学生成为被填充的容器。"知识的在场"和"人的缺席"成为传统课堂教学的奇异景观，教学的人文关怀被忽视。课堂教学往往始于其过程被教师精心设计的路线图，并具体细化为一步步细致且环环相扣的小步骤，经由教师付诸课堂的精确无误的演绎实施，最终达到预定的认知目的地，教学的标准化和机械化导致师生都远离了创造与活力。与此同时，社会传统文化中规训与服从的基因也渗透进课堂，加深了课堂教学文化对学生学习创造性和个性化的桎梏，在"师道尊严"的文化中，学生越来越多地被训练成为课本知识的奴隶和功利应试的机器。

当前，我国的基础教育课程改革已进入改革的"深水区"，"理想的课程目标越来需要通过富有创造性的课堂实践来加以实现"①。但据 2009 年全国大样本的调查发现，我国基础教育的课堂教学实践与新课程理念的精神实质尚存在不小的距离，大多数教师仍然比较习惯于传统的教学方法，"穿新鞋走老路的现象还时有发生"②。基于基础教育新课程目标的课堂教学转型刻不容缓，势在必行！

在面向 21 世纪第二个十年的重要关头，我国政府制定出台了《国家中长期教育改革和发展规划纲要（2010—2020 年）》，明确提出了课堂教学要从学生学习的实际出发，充分发挥学生学习的主动性，积极回应学生多方面、个性化的学习需求，从而有效促进每个学生主动的、生动活泼的发展。在 2011 年教育部颁布的中小学及幼儿园三个专业标准的文件中，都把"学生为本"作为基本理念，积极倡导教师的教学实践从传统的以教师为中心转向以学生为本，从而把新课程的理念落实到具体的教育教学行为之中。这为当前基础教育的课堂教学转型指明了方向。

在课程改革的潮流中，近年来涌现出一批在本地区乃至全国已颇具影响的课堂教学转型的典型。例如，山东杜郎口中学的"336"学生自主学习模式，突出立体式、大容量和快节奏的教学要求，强化预习、展示和反馈的功能，推行预习交流、明确目标、分组合作、展现提升、穿插巩固和达标测评的教学环节。又如，江苏洋思中学"先学后教，当堂练习"的教学模式，追求当堂课的内容学生在课堂上完全自我解决、当堂消化，教师不再留课外作业，切实实现减负增效。再如，上海市静安区教育学院附属学校"后茶馆式教学"的模式，着力建设"读读、议议、练练、讲讲、做做"的宽松教学文化。改革成功的范例不一而足，但是它们创造性的先行实践已经为课堂教学的转型作了生动注脚。成功的课堂实践，教育的真谛和智慧富含其中，"深入课堂进行实证的剖析"③ 成为探索课堂教学转型

---

① 叶澜主编：《中国基础教育改革发展研究》，172 页，北京，中国人民大学出版社，2008。
② 丁钢：《同侪互助：教学创新的内在动力》，载《课程与教学》，2003，6（2）。
③ 顾泠沅：《以学定教的课堂转型》，载《上海教育》，2011（7）。

有效模式的现实选择。

纵观近年来关于课堂教学转型的研究,理论界主要有以下几派观点:(1)文化重构说,即在教学理念上,推崇人的成长发展重于对知识本身的掌握;在学习方式上,追求学习主体的建构重于对知识本身的结构;在师生关系上,强调学生的主体作用先于教师的主导作用。(2)学习增值说,即课堂教学就是要促使学生学习的增值,其中包括动力值(更想学)、方法值(更会学)、数量值(达成多)和意义值(对学生个人的成长发展具有长远意义)。(3)以学定教说,即课堂的教学始于对学生学情的把握,学生原有的学习基础、当堂课学习的疑难困惑以及真正的兴趣所在等因素一起构成课堂教学的形态与结构。这些观点从不同的角度诠释了课堂教学转型的实质与重点。

然而,在新课程改革的过程中,对考试评价的改革相对滞后,一些改革的实验区也对传统的课堂教学评价表进行了适当的调整或重新设计,但是,针对传统课堂教学弊端和全面体现新课程目标理念的、系统的评价体系却尚未真正建立起来,因此"系统评价的缺失导致课堂实践改进方向的游离"[①]。建立有力推进基于标准教学的长效保障机制是当前深化基础教育课程改革的关键,其中促进课堂教学转型的评价体系的建设最为基础。以评价促进转型,用范例引领实践,已成为促进课程改革深入推进的迫切需要。

基于以上对传统课堂教学弊端的分析,以及对新课程以学生为本的精神实质的把握,为了促进课堂教学的优化,研究建立的相关评议标准见表4—1。

表4—1　　　　　　基于新课程改革的相关评议标准

教学理念	表现维度	评议描述
关注全体学生	学情的反馈了解	
	差异的任务设计	
	到位的学法指导	

---

① 郑金洲主编:《基于新课程的课堂教学案例》,43页,福州,福建教育出版社,2011。

续前表

教学理念	表现维度	评议描述
突出学生主体	自主的学习过程	
	民主的学习交流	
	交替的示范引领	
促进课堂生成	研讨的新知发现	
	知识的个人理解	
	深入的问题提出	
追求过程愉悦	轻松的心理环境	
	求知的动机兴趣	
	学习的快乐自信	

第一,关注全体学生。就是要保证教师在课堂上所组织的一切学习活动不再只关注班上少数精英的学生,而是面向班上全体学生,并且积极适应不同层次学生学情的动态变化,有的放矢地解决学生在学习过程中暴露出的各种真实的问题,始终坚持基础教育的普惠性,追求全体学生的学业成功和成长、发展,不让一个孩子掉队。

课堂的教学要体现对全体学生的关注,就要求教师:(1)在正式的课堂教学之前,对学生的学习情况进行基本的反馈,心里要清楚学生对于新知识的学习,哪些内容可以不讲学生就已经知道,学生哪些内容存在误区曲解,哪些是他们认知有障碍的;(2)面对一个班的学生发展的个体差异性特点,设计多样化的、多层次的课堂学习任务,以保证不同发展水平和心智能力的学生都能够在课堂上经历有意义的、适合自己的学习过程;(3)在组织学生进行有意义学习的课堂每一个环节时,要密切关注那些不能完成预设学习任务的学生,有针对性地给予其学习方法上的指导,使这些学生的学习需要得到满足。

第二,突出学习主体。就是要保证课堂上学生不再一味地被教师牵着鼻子走,而是真正成为课堂学习的主人,能够通过自主学习主动提出课堂上有待讨论的问题,并且能够和学生同伴或教师一起进行问题的研讨与交流,教师成为促进学生有效学习的情景创设者和过程促进者。整个课堂明显体现出"少教多学"的结构特点。

课堂的教学要体现对学习主体的突出，就要求教师：（1）在课堂上给予学生恰当的时间和空间进行独立、自主的学习，学生能够解决完成的任务，教师绝不越俎代庖；（2）在教师与学生、学生与学生之间进行的交流中，确保每一位成员都有平等的发言权利，彼此之间是一种平等的学习伙伴关系；（3）在课堂学习的过程中，每一位学生都有突出和擅长的方面，都有机会成为引领一个学习片段的主角，真正体现出教学相长、共学互补。

第三，促进课堂生成。就是要保证课堂组织的一切活动都旨在引发学生积极主动地进行知识建构与鲜活生成。课堂教学不仅要关注预设目标的达成，还要积极关注在预设之外课堂动态生成的增值部分。课堂上这种鲜活的、动态的知识生成不仅表现为学生对新知识的内化和理解，同时还包含对学习方法的掌握、学习习惯和兴趣的培养，以及学习能力的提高等诸多方面。

课堂的教学要体现对课堂生成的促进，就要求教师：（1）基于课时目标设计一些具有开放性或有挑战性的问题或探究活动让学生进行研讨，并在此过程中发现问题背后包含的新知识；（2）在促进学生学习的过程中积极创设学生表现表达的机会，让学生生成属于自己的、个性化的理解与认识，真正扩大课堂学习所得；（3）在解决问题的基础上积极鼓励学生提出有意义的问题，引导课堂的学习更深入，使得课堂的学习自然向课外的延伸或建立起下一次的有机联系。

第四，追求过程愉悦。就是要保证课堂的教与学不仅关注高质量的结果达成，还积极追求学生在学习的全过程中时时能够体验到积极的情感，对学习始终保持着积极的兴趣和动机，以及拥有学习的自信心，真正体验学习的快乐和成就感。

课堂的教学要体现对过程愉悦的追求，就要求教师：（1）给学生创造一个轻松的心理环境，让学生在课堂学习中远离焦虑、紧张和压力，以一种自然放松的状态投入到每一个学习的环节中；（2）调动学生学习的兴趣、积极性，把学生吸引到当堂课的主题上来，教师寓教于乐，学生乐此不疲；（3）让学生在学习的过程中时时体验到成功和成就，不断增强学习的信心，让课堂的学习变成一段快乐的旅程。

第三节 课例研究活动的设计

一、课例研究流程的建立

作为一种行动研究，课例研究必然要遵循一定的研究流程。只有明晰的研究流程才能有效引领中小学广大一线教师比较自然地进入研究的过程并体验研究的心得。在课例研究的本土实践过程中，通过对教学实践中出现的真实问题进行持续的研究并改进，我们逐步确立了"课例研究六环节"[1]的模式，并被广大教师普遍接受和付诸实践。

1. 确定研究专题

课例研究的专题是对教师教育教学实践过程中遇到的疑难困惑、瓶颈症结的提炼和聚焦，问题的指向越明确，专题研究的内容与目标才会越具体。一线教师实践中许多原生态的研究之所以不能持续深入，其原因就在于问题没有界定清楚。因此，课例研究实践的第一个环节就是研究专题的确定。

确定的研究专题可以是本学科知识体系中最重要的概念、定理、技能等教学重点，也可以是本学科教学中最难教、最易出现教学问题的内容单元等教学难点，还可以是本学科教学中教师最有兴趣探究的问题等教学的兴奋点。

2. 选择执教内容

执教内容的选择主要考虑的是与研究专题的匹配。教师基于确定的专题，以适当内容的课为载体进行探索性的实践演绎，即所谓研究什么样的专题，上什么样研究主题的课。

执教教师在选择执教内容的过程中，可以选择最能体现自己对研究专题进行探究性思考和创造性演绎的教学内容单元进行试教，

---

[1] 胡庆芳等：《点评课堂：博览教学改进的智慧》，11页，北京，教育科学出版社，2012。

并进行教学设计。执教教师可以基于自己的原型经验和教学风格来进行教学设计和展开教学探索。因为是研究课而不是展示课，所以教师完全可以以研究者的姿态展开教学探索。

3. 带着目的观察

在每一次观课之前，研究团队都要基于研究的专题，拟出课堂观察要关注的系列关键问题，以便有的放矢地提高观察的目的性和针对性。

研究团队进入到课堂后，一边是研究团队的教师代表基于研究的专题，依托适切的课程内容进行研究课的演绎；另一边是研究团队的其他所有成员一起进入到执教教师的课堂，同样基于研究的专题开展课堂的观察，获得真实而丰富的课堂教学信息，在观察中记录，在记录中思考。每一位观课教师在每一次观课结束之后都要形成一份基于个人独立见解的课堂观察报告。

4. 畅所欲言发现

在经历了执教探索或课堂观察活动之后，参与专题研究的所有成员随即展开基于研究专题的课堂教学研讨。课例研究课之后的研讨需要所有参与者针对自己课堂上的发现与思考畅所欲言，知无不言，言无不尽，从而汇聚大家的发现，看到一个问题的全部。

研讨过程中，首先是专题执教教师阐述自己对研究专题的理解，并诠释当次课如此展开背后的思索及实践反思。随后是所有研究成员针对课堂观察过程中的发现，知无不言、言无不尽，一起围绕专题进行思想碰撞、观点交锋和证据呈现。经过全方位、多角度、高强度的抽丝剥茧、去伪存真，把基于专题的认识深入化，澄清先前的疑难困惑。

5. 着眼达成改进

经过广泛而深入的研讨，对在过程中生成的丰富见解及解决策略，执教教师进行综合权衡，整合形成新的教学实践方案并付诸实施。这样一来，经过反复的教学设计和课堂实践，直至通过课堂教学的演绎，使原本的疑难困惑得到比较圆满的解决和澄清，课堂教学在此方面遇到的障碍与瓶颈被攻克和突破。

当然，不同的观察者会有不同的意见与建议，要让每一个教师全部吸收和采纳每一位观察者的意见和建议并不现实。同时，不同的意见与建议之间有时难免会有冲突和相左之处。所以，在着眼于教学目标达成的前提下，要体现教学的改进，最现实的解决办法就是最大限度地吸纳群体的智慧，并亲身演绎带有个人风格的新一轮教学。

6. 理清主线观点

基于多次反复的教学设计和课堂实践，在取得满意的实践效果基础之上，研究团队需要再一次反思研究的全程，清晰地梳理研究的过程，提炼总结基于专题研究得出的结论与观点，形成规范的课例研究报告。这是因为，研讨过程中林林总总的意见与建议都是不同的观察者对同一个问题的不同看法，作为一种研究，特别需要对这些方方面面的意见与建议进行条理化的归纳与整理，包括主次顺序的理清和从属关系的归并以及观点真伪的鉴别。

这样，通过上述规范的课例研究文本记录，可以清晰展现整个研究的过程，研究层次递进的脉络也变得一目了然。这就为进一步的研究提供了很好的借鉴与参考，因为研究者可以清楚地知道上一次相关专题的研究已经到了什么程度，接下来的研究应该向哪一个方向深入迈进。

总体而言，经过课堂诊断、实践改进形成的课例研究报告需要包含不可或缺的四个要素，即关注的问题、研究的过程、案例的支撑和形成的结论。如果没有关注的问题，仅仅平铺直叙课堂上发生的事情，尽管真实，却只能算是课堂实录；如果关注到了问题，但是没有研究的过程，就只能算是研究的起步，因为真正的研究还没有开始，这样的报告不能算是研究报告；如果没有案例的支撑，没有结合一堂课的具体实例来支持所述的观点，就只是坐而论道，而不是行动研究的成果，不能算是以课例为载体的研究报告；如果没有形成的结论，尽管有研究问题，有研究过程，有实例呈现，也只能算是一种对工作的描述，因为课例研究报告是一种观点或结论统领事实的文本，形成的结论是这种文本的灵魂。

通过上述"课例研究六环节"可以看出，集体研讨非常重要，因为它直接关系到问题诊断的准确性，直接影响到问题解决的方向性。每一次观课之后的研讨不仅需要"头脑风暴"，即大家针对课堂观察中的发现畅所欲言，还需要针对林林总总的问题进行归类归因和分清主次从属，以便找到解决问题的方向。课例研究是基于实践和改进实践的行动研究。

二、执教以及研讨的设计

为了使课例研究能够富有成效地开展，教师的执教和课后的研讨在形式上需要不断地创新，以切合研究的需要以及适应实践的需求。

1. 教师的执教

经过几年的实践，我们对于课例研究课的执教主要设计了以下五种形式：

（1）"同一内容＋同一教师＋连续改进"，即让同一个教师在不同的班级执教同一教学内容，基于充分研讨进行连续几次的教学改进直至取得满意的教学效果。这样的设计主要在于控制变量，内容及教师都不变，变化的是基于研究的教学探索，所以最终实践效果的改进反过来会证明基于研究的专业判断的准确性和合理性，从而有利于实践推广。

（2）"同一内容＋不同教师＋接力改进"，即让不同的教师执教同一教学内容，基于充分的研讨进行"接力赛"式的教学改进直至取得满意的教学效果。这样的设计主要是鼓励更多教师基于对专题的理解进行多样化的探索与实践，从而提供更为丰富和多元的思考，帮助拓宽研究视野。同样出于控制变量的考虑，会要求不同的执教教师务必紧扣专题进行演绎，并且特别要求第二位及以后的执教教师关注前一位教师已进行的实践，之前已暴露的问题不能在接续的课堂重演，而应表现出为了改进而做的进一步探索。"接力"不仅是形式，更是内容；不仅是接续，更是提升。

（3）"同一内容＋不同教师＋对比改进"，即让不同的教师执教同样的教学内容，研究团队的其他所有成员对基于相同专题的不同风格的探索研究课进行横向的比较，从中发现不同的理解在教学实践效果上不同程度的差异，综合经过实践检验的有益启示进行进一步的深化改进。

（4）"同一单元＋不同教师＋循环改进"，即不同的教师针对同一单元（不是同一课时）的内容都进行完整节次的顺序演绎，第二位及以后的执教教师都是在前一位执教教师单元执教的基础上进行进一步的改进与优化，于是构成了多个执教教师的单元教学改进循环。

（5）"不同内容＋不同教师＋借鉴改进"，即不同的教师针对不同的教学内容（有时可以是不同学科的教学内容）进行探索性的试教，后面的执教教师在借鉴前一位执教教师有益尝试的基础上进行进一步的实践优化。在教学内容和执教教师都发生变化的情况下进行课例研究的探索实践，特别要求每一位执教教师紧扣研究专题进行个性化的创新探索和演绎，同时也要求研究团队的其他所有成员紧紧围绕所要解决的共同问题来思考专题实践的得失及原委。

2. 教师研讨

经过几年的实践，我们对于课例研究课的研讨主要设计了以下两种形式：

（1）"一课一研，及时研讨"，即上完一次课之后就及时地组织研讨。这样做的优点在于研究成员能够针对基于专题试教的观察发现及所思所想进行及时的反馈与分享，比较容易调动起全体成员积极参与。

（2）"一课两研，分步研讨"，即上完一次课之后组织一次即兴研讨，随后针对整理出来的课堂教学实录进行深度研讨。这样设计的优势在于能够促使专题研究的全体成员基于全息的课堂实录做更进一步的统计分析和精确研究，很多教师在这一过程中能够发现更多的数据和有更深的理性思考，且数据更加具体和精确，立论更加成熟和完善。

课例研究的实践过程中，教师往往会因为多轮研讨而偏离原本确立的研究专题，不知不觉回到过去传统教研活动"眉毛胡子一把抓"的状态。所以，课例研究的实践特别需要坚持以下两个方针：

（1）以教学改进为方向。课例研究是以课为例的课堂教学研究，所以课堂教学的改进是其方向。课例研究应当时时刻刻关注课堂教学突出的问题在哪里，进一步改进优化的出路在哪里，否则就会失去研究的价值。

（2）以问题解决为线索。课例研究具体的研究过程都是以专题探索课上暴露出的问题的解决为线索的，只有紧扣需要解决的问题，基于专业的诊断提出解决问题的策略，才能最终确保研究取得不断改进的实践效果。

当然，在课例研究的实践过程中，确实会存在因一课需要多轮执教使得学校教研组要进行必要课时调整的情况。如果这是开展阶段的教研活动还好，但是如果这种调整要常态化地进行，则势必会遭遇一定的困难，因此，课例研究流程的简化和回归常态也成为研究必须解决的问题。经过研究发现，该问题的解决可以从三个方面着手。

一是在集体备课中集思广益，防患于未然，针对教学的设计进行充分研讨，大家相互取长补短，增进对一些关注的专题的理解；二是在教研活动中聚焦主题，再分而实之，即在教研活动过程中针对主题进行透彻的研讨，达成的共识等成果可以由每位教师各自有选择地在今后相关的教学过程中予以贯彻和落实，而不一定需要下一位教师进行专门演绎；三是在同课异构的课中比较效果，择其优而效，即在同一教研组里可以让几位教师按照自己的风格按部就班地演绎单元的教学，大家从风格迥异和效果多样的课堂教学中总结经验，发现问题，并选择有效的策略与做法进行实践，从而取得教学改进的效果。

第四节 本土实践特色的突显

近年来，以课例研究的方式优化课堂教学的实践逐渐成为促进课程改革与课堂教学转型的重要抓手。在这一过程中，本土课例研究的特色也越来越得以突显，走出了一条"在借鉴中创造，在发展中创新"① 的本土实践之路。

1. 在课例研究的取向上，明确指向课堂教学的改进

正如美国学者凯瑟琳·刘易斯在2012年11月于新加坡召开的课例研究第八次国际研讨会会上所指出的那样，当前在国际课例研究的实践过程中主要存在两种特色鲜明的价值取向，一种是侧重研究教与学的结果，目的是改进课堂教学，另一种是研究教与学的过程，目的是了解课堂上究竟发生了些什么。早在20世纪末，美国学者施蒂格勒也提出，大多数教师在专业发展上所做的努力之所以没有在教学提升方面有突出表现，就是因为它们不是"基于课堂教学的改进而进行的"②，课例研究的实践必须体现这一点。以江浙沪为中心展开的课例研究比较倾向于上述第一种取向，即在课例研究的一开始就期望通过课堂观察发现课堂教学过程中存在的问题，并通过集体的反思及研讨，分析问题产生的原因并提出建设性的课堂改进建议，再通过进一步的设计改进和课堂演绎直至问题解决和瓶颈突破，从而取得预期的教学效果。

课例研究这种实践改进的取向也是对传统的教研活动进行改造的一种必然要求。教师作为研究的主体，密切依托教学经验进行专业判断，在教学的过程中进行研究，经由研究解决教学实践中遭遇的疑难困惑，研究结果直接以明显改进的课堂教学效果为佐证。换言之，广大教师在进行课例研究的实践过程中，大多以课堂教学的明显改进作为一个专题课例研究的结束。教师们一般都是在课堂教学效果明显改进的前提下，才会回过头来系统反思实践改观背后带有一定规律性的启示。反之，如果不与教师课堂教学的改进相联系，而只是一味地对某一次课进行全面的数据统计和深度的数据解读，再由此而进行概念的重建或理论的建树，既不符合广大教师目前的

---

① 胡庆芳：《在课例研究中改进教学》，载《人民教育》，2012（9）。
② J. W. Stigler, J. Hiebert, *The Teaching Gap: Best Ideas form the World's Teachers for Improving Education in the Classroom*, New York, Free Press, 1999.

研究能力，也不符合教师以精彩课堂的演绎促进学生有意义和高质量地学习的基本要求。即便是在倡导研究型教师的今天，课例研究也是建立在教师能够出色完成课堂教学基本任务的基础之上。简言之，研究是为了更好地教学。

2. 在课例研究的选题上，直接针对课堂教学的瓶颈

同样，也正是因为课堂教学改进的研究取向，所以课例研究的专题选择主要聚焦于教师教育教学实践过程中确实存在的疑难困惑，而较少侧重概念内涵的挖掘以及相互之间关系的辨析等学理指向的理论探讨。近些年的课例研究历程以及已展开的课例研究专题，可以明显反映出这种扎根于课堂实践解决实践瓶颈的风格。

在中小学课堂教学的实践过程中，常常会有一些教学难关让广大教师费心劳神，甚至费尽九牛二虎之力仍不得法，事倍而功半，成为深入推进新课程名副其实的瓶颈和障碍。问题的根本解决从客观上要求教学研究的专业人员和广大的一线教师携手合作，让教学研究回归常态、深入课堂，在教学的过程中研究，在研究的状态下教学。

以英语学科为例，在与中小学广大英语教师针对新课程教学中存在的突出问题进行广泛调研的过程中，研究团队获得了来自一线的有关教学情况丰富而真实的信息，并提炼归纳出以下方面的突出问题：新课程带来新理念的同时也净增大量生词，对大量词汇的有效识记既难住了教师，也困住了学生；英语知识的综合运用环节稍有不慎就极易陷入机械的句型操练的怪圈，教师容易缺乏激情与创造，学生也找不到学习的兴趣和快乐；任务型英语教学的倡导被普遍认可，但学生离开课本就不会交际，即使交际也犹如读课本的现象还比较严重，同时，对于突破听说能力的瓶颈，现实中对教师的呼声高于提供的支持，进展并非想象得那样顺利；阅读理解占据课程文本和考试测验的比例十分高，但制约学生阅读理解水平提高的因素却很多很杂，如何让学生迅速地捕捉文本信息线索以及正确地理解文本主旨，是提高阅读理解水平要攻克的难关；想象作文既挑战学生的想象力，又考验学生的英语表达

能力，双重能力的提高要求课堂教学既要精彩示范，又要对学生作品全面反馈与评改，难度可想而知。此外，还有如下问题需要解决：课堂上情境的创设如何为促进学生的认知发挥实质作用？复习课的教学往往成为练习课或教师重复授课的课堂，教师教得机械，学生学得乏味，复习课的教学如何才能有新意？如何让学生在新授课的基础上有新的体会及发现？课堂上的三维目标如何整合？一言以蔽之，中小学英语教学需要攻克的难关很多，值得研究的专题不一而足。

江沪浙三地的英语课例研究团队本着顺利推进基础教育阶段英语教学的宗旨和使命，基于对突破瓶颈和攻克难关的信心和决心，对时下英语课堂教学进行把脉，先后在浙江嘉兴完成了"开启想象作文的钥匙"，在上海闵行完成了"走出句型操练的怪圈"、"引发情境创设的精彩"、"促进三维目标的整合"，在浙江杭州余杭区完成了"跨越词汇障碍的门槛"、"增进阅读理解的良方"、"突破听说能力的瓶颈"、"扩大小组合作的实效"以及"基于新编教材分析的设计改进"，在江苏南京完成了"充实复习过程的收获"，在江苏常州完成了"目标导引活动的优化"，在浙江桐庐完成了"新授阅读课有效教学策略的实践"和"基于学生学情的教学针对性研究"，在浙江安吉完成了"培养学生语言文化意识的实践"等一系列专题的实践研究。在研究过程中，课例研究团队运用行动研究的方法，以课例为载体，针对基础教育阶段英语课堂教学的难关与瓶颈，深入一线学校课堂进行教学观察，努力发现问题症结所在，力求准确把脉问题出现的根本原因，尽可能地提出切实可行的解决问题的策略，帮助和促进教学实践的实现并达成持续改进。一份份蕴含教学实践智慧的研究报告，生动而真实地反映了一个个教学实践问题逐步得到有效解决的清晰历程。

3. 在课例研究的执行上，积极促进研训一体的融合

从国内一个区域或一所学校推进课例研究的过程中，可以比较明显地看到，围绕专题的课例研究总是与本区域或本学校的教师在职培训紧密结合在一起的，研训一体成为中国内地课例研究实践的

一大亮点和特色。课例研究对于教师而言，是一种很好的行动研究范式，因为它与教师的教学紧密结合，真正追求着"在教学的过程中研究，在研究的状态下的教学"的理想境界，非常切合教师职业实践的特点。

与此同时，为了促进教师的专业发展，各个区域和学校也积极通过在职培训这样一种常规的形式予以保障，但是，在教师培训的实践过程中常常会遭遇诸如培训的针对性不强、有效性不高以及参与度不够等问题。这从客观上要求培训的内容要切合教师实践的需要，培训的过程要尽可能融入教师的主体参与和深度体验。所以，课例研究和教师培训的结合，为当前教师在职培训诸多现实问题的解决提供了可能。因为课例研究的专题可以成为教师培训的主题，课例研究的过程可以设计成为教师参与式培训的过程，不是像以往那样将现成的研究结果直接展示给教师，而是需要教师通过亲历研究而主动去归纳和总结，较好地体现了"在培训的过程中研究，在研究的状态下培训"。

4. 在课例研究的指导上，注重起步阶段的专业引领

如前所述，课例研究与中小学广泛开展的传统教研活动相比存在诸多差异，无论是研究的规范还是研究的深度，都是传统教研活动亟待提升的关键。广大教师在之前的师范教育和在职的专业培训中往往更多涉及教育教学的理论与实践，"针对教育教学的问题如何进行研究往往成为不经意的缺失"[①]。所以，专业支持机构在对中小学一线教师进行课例研究的指导过程方面，普遍重视研究问题的概念明晰，研究方法的恰当选择，以及研究结论的斟酌提炼，从而让所有参与课例研究的教师亲身经历规范研究的全过程。

对于广大课例研究而言，"讲给我听，我会忘记；演示给我看，我会记住；让我亲历其中，我就会明白"。在课例研究的指导过程中，指导者往往通过让教师亲历专业指导下的课例研究全过程，辅

---

① 叶澜：《教育研究方法论初探》，上海，上海教育出版社，1999。

之以总结梳理成文的课例研究报告现身说法，让教师逐步学会课例研究。指导者的专业引领是课例研究在中小学推广的关键，其中指导者的亲身示范是教师在尝试课例研究的起步阶段最行之有效的专业支撑。

第五章　扎根课堂的教学优化专题系列

第一节　小学学段的专题系列

专题1：超越说教的思想品德教学策略研究[①]

当前中小学思想品德教学在实践过程中面临着诸多实际困难，其中既有教师因是兼任而专业素质不够的问题，也有因学校过多关注其他所谓大学科而致使该学科被边缘化的问题，但是，这些困难在很大程度上还是思想品德教学自身的问题。比如，把思想品德当作知识来教，学生知道不等于做到；把思想品德采用说教方式来教，学生恭听却不一定接受；把思想品德多从正面来教，学生也可能阳奉阴违。

基于新课程"参与社会和学会做人"的目标要求，中小学思想品德的教学从根本上要顺应时代要求做出积极的改变，进行超越说教、还原生活、触及心灵的多种途径的探索实践，探索思想品德教学的有效方法，形成对思想品德有效教学的理性认识。本研究小组正是以"超越说教"为课堂教学改进的起点，安排同一教师，选择

---

① 参见胡庆芳：《思想品德有效教学策略的课堂实践研究》，载《思想理论教育》，2009(24)。

同一单元内容，在不同班级进行了连续三次的、尽可能的教学策略尝试与探索，并在每次课结束后都及时进行问题发现、原因诊断和改进建议的研讨，促使课堂教学的效果一次比一次好，理解也因此更加深入，最后总结提炼出了研究小组基于研究专题的结论与观点。

一、第一次课试教

第一次课的执教教师选择的是浙教版《品德与社会》五年级上学期《让我们同行》一课，教学目标是让学生认识互相帮助在生活中的重要性，懂得帮助他人就是帮助自己，愿意去帮助需要帮助的人，以及学会同学之间互相帮助。

执教教师设计了四个环节：游戏导入，感受助人的重要；故事讲述，体会帮助的快乐；视频播放，重温助人的感动；格言汇聚，表达助人的意义。

课堂教学出现的亮点如下：

（1）教师采用了游戏导入、故事讲述、视频播放、格言汇聚多种策略进行教学，课堂气氛活跃，较好地突出了教学主题。

教师采用游戏导入的策略，让学生蒙上双眼，在没有任何人帮助的情况下绕教室的一半空间走一圈，随后又鼓励被蒙住双眼的学生在其他同学积极的帮助下再走一圈。游戏结束，教师让该生说出两次摸索前进时的不一样感受。学生从第一次的"紧张、害怕"到第二次的"放松了许多"的对比中切身体会到了帮助的重要性。这样很自然地导入了当堂课的主题。

教师截取了一段公益广告和一段汶川地震救援的视频，深深地感动了班上的每一位学生。公益广告的内容为一位夜深回家的女孩在月黑风高的夜晚因有特意晚收摊的老大爷点亮的明灯照亮了回家之路而感到温暖和安全，地震救援视频呈现的救援工作人员因争分夺秒地成功救出了被埋学生而欢欣鼓舞的画面。两段视频让学生们深深体会到了得到别人帮助和帮助别人都能获得快乐。

（2）课堂教学的层次感清晰，教师围绕主题比较好地实现了对学生一步步深入的引导。

教师课堂上把教学目标化解成以下几个环节来落实：首先是以游戏活动的方式让学生感受帮助的重要性；其次是以讲述故事的方式让学生体会自己得到帮助时的快乐、自己帮助熟悉的人时得到的快乐，以及体验陌生人帮助陌生人时的快乐，引导学生体验从小爱到大爱的人性温暖；最后是总结有关帮助的认识，从而实现认识的升华。

问题发现：

学生经历的感动不是很持久，情绪和情感酝酿得不是很充分，以至于学生有感而发的表现与表达不够深入。

原因诊断：

（1）教师在故事讲述环节所用的时间较长，学生仅限于一件件小事的列举，透过这些平凡小事获得快乐体验的表现还不明显。

例如，在本次课上，教师为了让学生体会帮助别人和得到别人帮助都会感到快乐，以及帮助别人就是帮助自己的道理，点了7名学生面向全班讲述了7个故事，教师自己也讲述了一个故事，两个部分共花费时间9（7＋2）分钟。其中学生讲述的故事基本上都只有一句话，如"有一道题不会做，是同学帮助我才得以完成"、"一次忘了带橡皮，同学主动借给我用"……

（2）教师在有些环节没有很好地把握促进学生体验生成的机会，课堂还可以有更多的精彩。

例如，在学生讲述帮助他人的故事时，有同学讲到自己给汶川地震灾区的小朋友捐了款，这时有很多学生纷纷表示自己也捐过款，气氛变得热烈起来，但这时老师没能抓住机会因势利导，挖掘学生当时最真实的情感是什么，只是继续列举其他小事。

（3）课堂教学以"写互助格言"作为结尾，没有很好地总结和展现学生通过教师超越说教的多种策略教学的尝试而引发的属于学生的理解与感悟，因为在学生看来，只有名人说过的话、书上写的句子以及教师讲到的精炼的句子才能算得上是格言。另外，对于学生体验生成的不正确理解，教师也没有抓住时机及时对学生进行恰当引导。

例如，学生写的格言基本上是教师在多媒体课件上演示的句子，如"助人者自助"、"帮助别人，快乐自己"……有同学总结道："帮助别人，别人就会回报你。"教师只是让学生表达了，但没有进一步引导。

改进建议：

（1）游戏活动的设计还可以更加精致，使学生在没有得到帮助和得到帮助的两种情形感受对比更加鲜明，从而达到活动的目的。

（2）充分利用课堂上感动学生的课程材料，放大感动效果。

（3）将填写格言改为抒写学习的收获和感言。

（4）继续探索除游戏导入、故事讲述、视频播放和格言汇聚之外的其他有效策略。

二、第二次课改进

在第二次研究课上，课堂教学发生了如下变化：

（1）课堂上教师进一步完善了第一次课已用的教学策略，并增加了新策略的尝试，使围绕主题进行情感渲染的力度进一步增强，学生的心灵受到了更强烈的震撼。

在蒙眼送花的游戏环节，教师把第一次课上用来蒙眼的红领巾改为了围巾。同时，为了使学生切身体会到帮助的重要性，还特别明确了游戏规则：学生的第一次试走，其他同学不能有任何提示。

教师在视频播放公益广告《平安中国》的环节，首先把这个故事绘声绘色、饱含深情地讲述了一遍，为激发学生的情感进行了"预热"："在一个夜深人静的夜晚，一个小女孩骑着自行车回家。当时啊，大街上空无一人，小女孩越骑越害怕。骑着骑着，连街道两边的灯都熄灭了。呼呼的风声吹得小女孩心里直发毛。当时，她越想越害怕，赶紧唱歌给自己壮胆。正当她骑到一个拐弯处的时候，突然发现前面卖夜宵的老爷爷居然还在那里。"接下来再播放整个视频，让学生经历更直观的视觉冲击和感动，此时此刻，"帮助在生活中很重要"和"得到别人帮助，感到快乐"已在每一个学生的心里有了深刻的体验。

在"画出自己的爱心故事,打造爱心小屋"的环节,教师选用充满无限爱心和童心的儿童歌曲《熊猫咪咪》作为背景音乐进行情感的烘托,其中主题句"请让我来帮助你,就像帮助我自己;请让我去关心你,就像关心我自己"的重复把"帮助别人,快乐自己"的主题渲染得淋漓尽致。

(2) 教师以问题为引导增加了让学生情感表达的机会,不少环节都收获了意想不到的精彩。

例如,在故事讲述环节,一位学生讲到一次跑了400米比赛后有同学帮助了他的故事。教师马上问:"怎么帮你的?"学生说:"搀扶了一段,还给我倒水喝。"接着老师问:"当时你是什么感受?"学生说:"觉得很高兴。"老师接着问:"对帮助过你的同学有什么需要真情表白的吗?"这位同学激动地说:"××同学和××同学,感谢你们有力的搀扶,还有解渴的水,我的奖牌有你们的一半……"

又如,在课堂最后写感言的环节,教师引导说:"今天听到了那么多的爱心故事之后,哪些故事深深地感动了你们?你们有最想要说的话吗?把它写下来。"学生们写出了这样的真情实感:

"要是我们每一个人都能帮助别人,这个世界就会变得更美丽。"

"赠人玫瑰,手留余香。"

"帮助别人不仅可以拥有快乐,还可以多一个朋友。"

…………

问题发现:

对学生情绪和情感的激发还不够,学生在接受课程材料的过程中没有受到多大的挑战,思维锻炼不够。

原因诊断:

(1) 教师在课堂教学的过程中也存在直接替学生表达的情况,如果能引导得更充分一些,让学生有感而发的效果会更好。

例如,在最开始的游戏环节,当被蒙住双眼的学生在同学们的帮助下完成闯关游戏之后,问帮助过这位同学的其他同学有什么感受时,教师见同学们没有马上回答时就自己直接感叹:"帮助别人也是很快乐的事情。"

又如，在讲述故事（一个登山者在暴风雪中迷了路，又发现了另一个比自己状况更糟的登山者时，毅然停下脚步给予帮助，得到帮助苏醒过来的登山者是一位气象学家，在后者的专业指引下两人终于走出了困境）后，教师没有让学生仔细体味而是自己表达了故事要表达的主题——"有时候，帮助别人就是帮助自己"。

（2）课堂上教师所采用的材料几乎都是从正面反映一个积极的主题，让学生直接地有感而发，而没有给学生一个经历由认知冲突到价值判断最后做出正确行为选择的机会，对学生明辨是非能力的培养较为忽略。

改进建议：

（1）选择一个有代表性的反面例子，让学生们去评说，从而提高他们明辨是非的能力。比如，街上看到"指路两元"的牌子，某学生"我帮助别人，别人没有帮助我"的困惑等。

（2）抛出一个话题："帮助需不需要回报？"让学生展开讨论或进行辩论，增进对"帮助"这个教育主题的理解。

三、第三次课提高

在第三次研究课上，课堂教学发生了如下变化：

（1）教学策略进一步拓展，通过多种教学策略的协同运用，让学生经历的感动一轮接一轮，使课堂教学的效果深入人心。

例如，在游戏导入的过程中，教师看到蒙眼送花的学生碰到障碍物时，主动扶着学生的手说"我来帮你"，绕过第一个障碍物之后，过道两旁的学生纷纷伸出小手引导该同学前行，真正完成了一次爱心"接力"。该同学深有感触地说："有别人的帮助真好，我很安心。"两个学生主动帮助脚扭伤的同学上下楼梯长达一个月，他们汇报说："同学有困难，帮助是应该的。"一个同学汇报说有一次他把新买的尺子折成两半分给同学用……在最后写感言的环节，感言中出现了"发自内心去帮助别人，就不需要去想回报"、"帮助别人就是为了让别人快乐"、"帮助别人，别人感到了快乐，我会更快乐"

等表达。

（2）新尝试的策略（小组讨论）把对"帮助"主题的理解引向深入，学生的认识和境界得到了实实在在的升华。

例如，在小组讨论环节，执教教师讲述了一个学生的困惑："班上有一位平时非常热心帮助同学的学生，最近因为自己需要帮助时，他平时帮助过的同学不愿意帮他而感到很困惑，不知道自己是应该继续帮助同学还是从此不帮助。请同学们小组讨论一下，给这位同学出出主意。"

经过讨论，学生表达了各自的看法。

生1：以后即使他不帮我，我还是会帮他的。如果大家都不帮助，这样下去不好。

生2：应该不帮助他，因为他不愿帮我。

生3：还是继续帮他，终究他会被感动的。

…………

教师抓住时机又做了一个帮与不帮的举手表决，结果几乎全部学生（只有三个学生没有）举手表示愿意帮助，于是教师进行引导：既然有这么多的同学还是选择帮助，"看来帮助别人是不需要得到别人的回报的"。

当然，本次课有些教学环节还略显仓促，交流仍没有充分展开。比如，在讲述自己的爱心故事，并要求学生用简笔画画出来贴进爱心小屋的环节，学生的交流还不充分，当有同学没有全部画完的时候，教师就开始宣布全部汇报。

以上三次研究课的演进脉络如下：

第一次课的情况是：教师尝试多种教学策略，学生积极主动地参与，但是对学生真情实感的激发还不够，充分细致的表达还比较欠缺。第二次课发生的变化是：教学策略更加优化，情感体验表达提升了，但是让学生对正面事例的体验比较多，不同观点的碰撞还不够。第三次课的亮点在于：教学策略更加丰富，话题讨论升华了主题。当然各环节还可以更紧凑，学生交流还可以更充分。

四、达成的共识与结论

在连续三次课堂教学实践探索过程中，研究小组对当前思想品德课教学的转变和提升方向以及行之有效的实践策略进行的概括和总结如下：

（一）思想品德教学可以尝试的六个实践策略

（1）以故事讲述的形式把抽象变为具体。教师通过讲故事的形式，可以把抽象的道德品质融汇到生动的故事里，从而起到深入浅出、潜移默化的作用。例如，本专题三次研究课上执教教师让学生们讲爱心小故事并且教师也讲述了登山者的故事，使得学生对"帮助在生活中很重要"以及"帮助别人和得到别人帮助都会很快乐"等的理解变得更容易。

（2）以问题引导的形式让课堂更加鲜活。教师可以设计贴近生活实际的问题来引起学生对课堂学习的关注，在教学过程中还可以灵活生成新的问题并进一步挖掘更丰富的内容，使课堂变得真实而鲜活。本次专题研究的三次课上，执教教师都尝试了问题引导的教学策略，引发了学生生成新内容。

（3）以图片视频的形式让学生感受视觉冲击。通过图片或视频中相关情状的展现，使学生的视觉产生非同一般的感受，从而达到发人深省的目的。本次专题的三次研究课上执教教师选择的公益广告和汶川地震救援视频就是很好的尝试。

（4）以音乐歌曲的形式让心灵得到感动。音乐歌曲的旋律之美往往可以产生语言本身达不到的效果，让心灵经历不可言传的感动。在本专题的第二、第三次研究课中，执教教师都使用了极富主题表现力的歌曲《熊猫咪咪》，非常到位地渲染了气氛。

（5）以专题讨论的形式让思想碰出火花。一种思想和另一种思想的碰撞往往可以生成更深邃、更新异的思想，精神上的欣慰感只有深入其中的主体才能切身感受到。

（6）以活动表演的形式让体验真正有感而发。参与一个活动，参加一个表演，既可以使主体获得一种切身的体验，又可以把内在的体验与理解恰到好处地表达表现出来。例如，在本专题的三次研究课上，执教教师都使用了"蒙眼"的游戏，让学生切身体验到了帮助在生活中的重要性。

（二）思想品德教学要促进五种策略的完善

（1）在谆谆教诲的过程中突出师生的心灵对话。思想品德课的教学是一门美化心灵、塑造品格的课程，因此教学方法更多的应该是心灵之间的对话与交流。例如在本次研究活动中，教师以故事讲述等形式加强了师生之间以及生生之间的对话与心灵交流。

（2）在以理服人的过程中注重柔性的以情动人。强势的以理服人会拉开师生之间的距离，把师生关系直接放到说服与被说服的位置上，而温暖的人性与情感往往更能触及学生的心灵。在本次研究活动中，教师精选了一些动人的视频材料与歌曲来进行情感渲染，就取得了比较好的效果。

（3）在书本学习的过程中借助创设的情境领悟。思想品德的教学一定不能仅仅停留于书本知识的识记，因为简单识记获得的知识终究还是会被还给书本，只有通过对教师创设情境的感悟才是属于学生的实际所得。在本次研究活动中，教师让学生讲述的一个个爱心故事本身就是很好的温馨情景，既鲜活又真实。

（4）在促进领悟的过程中强调外在的表现表达。思想品德的教学始终要坚持和突出"实践性"的课程特征，换言之，思想品德的教学不应仅仅停留于让学生养成良好的公民素质，而应最终促进具有良好公民素质的个体更好地参与社会并服务人类。在本次研究活动中，教师创造了比较多的爱心表达的机会，使得学生对于主题的理解更加清晰和明确。

（5）在表现表达的过程中增设冲突的价值判断。教师除了要创设有助于学生理解领悟的直观情境使其有感而发之外，还可以把情境的创设变得复杂些，把冲突的价值取向融入其中，从而使学生在价值选择过程中发展价值判断力。在本次研究活动中，教师设置的"是继续帮助还是不再帮助"的问题情形就比较好地让学生进行了价值判断。

（三）思想品德教学要追求四个阶段的提升

基于对思想品德课标的理解，以及本次课对有效教学策略的实践尝试，我们可以比较明晰地看到，真正入心见行的思想品德教学要追求四个阶段的层层提升。

（1）从教师的讲解提升为学生的理解。教师的讲解属于教师自己的见解与认识，学生的理解才是课堂上学生的实际所得。

（2）从学生的理解提升为主体的行动。学生的理解属于认知层面，学以致用才能真正体现出知识学习的价值。

（3）从主体的行动提升为处世的习惯。主体一次的行动也许并不难，难就难在将之变成处世的一贯做法。

（4）从处世的习惯提升为人生的信念。习惯也可以因外部要求而不断操练形成，所以习惯能够形成主体自己的信念并主动维持才是最高的境界。

专题2：课堂教学环节优化的实践研究[①]

课堂教学环节既是一堂课的结构，也是为了实现教学目标而设计的一系列任务板块的组合，其间的协调与促进是课堂教学成败的关键。调研发现，在当前小学语文的教学过程中还存在以下疑难与困惑：新编教材单元众多，课时调配余地有限；单元囊括字词句篇，听说读写样样俱全；教学设计沿袭教材，教教材胜过用教材；环节组合随意性强，过渡转换缺乏艺术性；活动设置目标单一，三维目标疏于整合。

为了解决课堂教学的上述疑难与困惑，本课例研究小组以诊断课堂教学环节设计常出现的问题和寻找课堂教学环节优化的可行策略为目标，通过安排同一位教师在平行的不同班级针对同一教学内容连续三次"施教—研讨—改进"，在教学的过程中研究，在研究的指导下教学，直至所关注的疑难与困惑得到较好的解决，最后总结梳理成文。

执教教师选择的是上海教育出版社出版的九年义务教育课本《语文》小学三年级第七单元的《猫是老虎的先生》。该文讲述的是

---

① 参见胡庆芳：《优化课堂教学环节的实践策略研究——以一节小学语文新授阅读课为例》，载《教育理论与实践》，2011（26）。

猫和老虎的故事：原本老虎什么也不会，后来投到猫的门下学会了谋生的本领，因为贪心，还想杀掉师傅使自己成为最强的角色，没想到猫留有一手没教给老虎，还能上树的本领使猫技高一筹。

一、第一次课试教

执教教师为本节课确立了四个教学目标，即认识课文中出现的"趾爪"等十个生字词、发挥想象力讲述该故事、通过学习该故事学会自我保护、激发学生阅读鲁迅等名家名篇的兴趣，并设计了课堂导入、整体感知、细致研读和综合提高四个教学环节展开教学。

教学探索值得肯定的方面如下：

（1）对于新语篇的学习，教师设计了对生字词和语篇阅读的检查与指导，突出了课堂知识与技能的目标。例如，教师在讲"趾爪"一词时，首先在多媒体上呈现其拼音，随后又呈现了一张动物趾爪部分的图片，比较生动地解释了生词的含义。同样，在讲"爬搔声"一词时，教师让学生用手模拟"搔"的动作，然后用"抓"字来解释，便于学生理解。又如，在指导语篇中长句（忽然，桂树上沙沙地/有趾爪的爬搔声，一对闪闪的眼睛/在暗中随声而下，使我吃惊，也将祖母讲着的话打断，另讲猫的故事）的阅读时，教师运用了以分隔线标志停顿的方法，让学生进行朗读练习。

（2）在细致研读环节，教师在讲到课本中有关老虎想要吃掉猫和猫爬上树逃过一劫这两处情节时，让学生发挥想象力分别讲述此时此刻老虎和猫的心理活动，比较好地促进了学生对语篇的理解以及基于想象和理解基础之上的语言表达。例如，有学生这样表达老虎的心理活动："我的本领都学会了，谁也比不过我了，只有做老师的猫还比我强，要是杀掉猫，我便是最强的角色了。"又如，有学生这样表达猫的心理活动："如果我把一切本领传授了，老虎就会来杀掉我，这样的话，我即便是爬上了树，老虎也会爬上来，把我给杀掉。如果我死了，我的朋友们怎么办，我的家人怎么办呢？"

（3）教师设计的一些问题引发了课堂比较丰富和精彩的生成。例如，针对课本上描写老虎的句子"它打定主意，就上前去扑猫"，教师进行了以问题驱动文本的挖掘。片段节录如下：

师：从这一句，我们可以看出老虎什么样的性格？

生1：忘恩负义。

生2：自信。

生3：性急。

生4：狡猾。

生5：骄傲。

生6：恩将仇报。

生7：妄自尊大。

问题发现：

课堂教学的主次不够突出，教学环节的时间分配不尽合理，教学计划的目标没有完成。

例如，据当堂回收的作业单中"对猫是老虎的先生，你是怎么理解的？"一题的反馈，20人中有2人答非所问（我是读课文理解的，我是看课文理解的），8人仅仅停留于把"先生"解释为"师傅或老师"，余下的10人也主要只是讲到因为猫教了老虎好几种本领。但本语篇之所以以"猫是老虎的先生"为题，更重要的是因为猫察觉到了老虎的想杀它后称霸的歹意之时，留了一手上树的本领没有传授而显得技高一筹，从中更可以看出猫是老虎的先生，但学生没有理解到。

又如，课堂最后的综合提升部分因时间不够，故本来设计的标题替换和明辨事理两项学习任务未能展开。

原因诊断：

（1）课堂导入环节比较平淡，没有很好地激发学生学习新语篇的兴趣，过渡也比较机械。例如，教师虽然以猫和老虎两个谜语竞猜的形式开始课堂的教学，但是谜语太简单，"性儿温顺，喵喵叫；夜间行走，老鼠跳"和"性格暴躁，称大王；一声大吼，百兽逃"，学生一看便知，没有新意新鲜之感，随后教师便宣布"今天，我们就要学习与这两个动物有关的课文"，过渡显得比较机械。

（2）整堂课教师主要运用了以问题驱动学生学习的策略，但是，在课堂上没有形成核心的问题,问题之间缺乏主线贯穿的脉络与联系,因此课堂上学生的学习活动显得比较松散,对主题的突出不够集中。

(3) 整体感知环节耗时较长,共计10分钟。在学生课前已经预习的情况下,教师按照教生字词的方法教读音和意义,没有顾及学生的学情,特别是对于影响学生理解语篇的生词"侥幸"没有仔细分析其义,直接导致了学生产生"猫既然早知道老虎的歹意,为什么还要教它本领?"的疑问。如果学生明白了"侥幸"是"偶然获得成功或意外免于不幸"的意思,就会明白这里的"早"并非是在猫教老虎之前,而只是在老虎打定主意准备上前去扑猫的行动之前。所以如果不是老虎性急而又猫学会了上树的本领,则猫的命运将改写。

(4) 对于涉及语篇寓意的理解,教师的积极引导不够,语文教学在彰显人文性的同时应坚持的主流价值观被忽略。例如,在理解"猫还没有将一切本领传授完"一句时,教师自问自答道"猫肯定知道老虎日后会杀它吗?不是,这只是一种猜测,一种防备,这说明猫对老虎存有戒心"。当学生在老师引导下推断出"防人之心不可无"时,教师却没有对比做出正面回应。

(5) 有的课堂教学目标设计得不太现实,以至于落实起来有困难,在事实上变得形同虚设。例如,执教教师为本节课确立的第四个目标是"激发学生阅读鲁迅等名家名篇的兴趣"。事实上,节选自鲁迅先生《朝花夕拾》的这篇文章文体介于文言文和白话文之间,较多的语言行文离学生现实的语言环境较远,旨在通过本语篇的学习激发学生阅读鲁迅等名家名篇的兴趣的目标不切实际。

改进建议:

(1) 增强课堂导入环节的趣味性或悬念,快捷有效地激发学生学习新语篇的兴趣。例如,可以先让学生说说对猫与老虎的印象,然后直接抛出问题"猫是老虎的先生,你们相信吗?",利用认知冲突吸引学生学习新课。

(2) 压缩整体感知语篇环节的时间,以检查指导学生认识生字词、读通长句和了解语篇大意为主,同时教师注重朗读示范,落实阅读指导和增进整体感知。

（3）教师根据语篇内容，确立一个诸如"为什么说猫是老虎的先生？"的主问题，然后设计基于主问题的由一个个小问题组成的问题链，使教学环节环环相扣。

（4）在积极鼓励学生广开言路的同时，正确引导学生对语篇旨在宣扬的"善良做人又要自我保护"价值取向的理解。

二、第二次课改进

在第二次研究课上，课堂教学进行了如下改进：

（1）教师完成了预计的教学环节，并且在细致研读环节新增了就老虎拜师学艺时情形的想象说话的活动，引发了课堂新的生成。

师：想象一下老虎向猫拜师学艺的情形。谁来说一说？

生1：老虎听说猫有许多本领，就想拜猫为师。一天，老虎投到猫的门下说："先生，听说您神通广大，可我什么也不会，希望您能教我几手。"猫见老虎这样诚恳，就答应收老虎为徒。猫说："好吧！你一定要认真学习……"

生2：老虎听说猫有很多本领，就想拜猫为师，一天它跑到猫的家里对它说："我听说您有很多本领，可是我什么都不会，没法生存，您能收下我吗？"猫见老虎这样诚恳，就答应收老虎为徒。还就对它说："好的，但是你不能恩将仇报噢。"于是猫就教给它扑的方法、捉的方法、吃的方法。

（2）课堂上以"猫为什么是老虎的先生？"为主问题，依次设计了三个密切联系的小问题来引导学生研读语篇。这三个问题依次是：作为先生的猫教了老虎哪些本领？老虎又是怎样对待它的先生的？面对老虎的歹意，猫又是如何应对的？这些问题使得对语篇的理解教学显得环环相扣。

（3）对于新语篇的学习，教师在整体感知环节增加了示范朗读，在细致研读环节结束后增加了学生齐读环节，这些为后续综合提高环节里的故事复述作了必要铺垫。

课堂教学片段如下：

师：这是一个有趣的故事，我们学完了，那你能不能根据课文内容，加上合理的想象，把这个故事说给大家听一听？这里老师给大家两种方法：第一种方法是你可以根据老师给你的提示，把这个故事说完整；第二种方法是你可以挑选这些词语小帮手把故事说完整。你可以任选一种，自己准备一下。

（学生练习讲故事，之后两个学生进行了复述。）

生1：老虎听说猫有许多本领，就想：我什么也不会，就拜猫为师吧。一天，老虎投到猫的门下说："先生，听说您神通广大，特来拜您为师。"猫见老虎这样诚恳，就答应收老虎为徒，说："好吧，但你一定要勤学苦练。"猫教会它捉的方法、扑的方法、吃的方法。这些教完了，老虎想，本领都学到了，谁也比不过它了，只有做老师的猫比它强，要是杀掉猫，自己便是最强的角色了。它打定了主意，就上前去扑猫。猫早知道它的来意，心想：如果我把所有的本领都传授给了它，老虎就会把我给杀掉。幸亏猫还没有教给老虎上树。

生2：有一只老虎一无所长，就投到猫的门下，苦苦哀求说："猫啊，我什么都不会，您收我为徒吧。"猫语重心长地说："好啊，你需要勤学苦练噢。"于是猫就收老虎为徒，教了它扑的方法、捉的方法、吃的方法。老虎想，我什么本领学完了，只有猫比我强，不然我就可以独占鳌头了，于是它就向猫扑去。幸亏猫明察秋毫，一下子就跳到了树上，老虎无可奈何，只好眼睁睁地在树下蹲着。

（附复述方法一：老虎听说_____，就想_____。一天，老虎投到猫的门下说："_____。"猫见老虎这样诚恳，就答应收老虎为徒说："_____。"猫教给它_____。这些教完了，老虎想，_____。它_____。猫早知道它的来意，心想，如果_____，老虎就_____。幸亏猫_____。

复述方法二：运用下列词语复述课文：一无所长、苦苦哀求、语重心长、勤学苦练、独占鳌头、凶相毕露、明察秋毫、无可奈何）

问题发现：

课堂上设计的问题虽然加强了联系，但这些问题对学生构成的挑战性还不够。除了对角色心理活动进行想象之外，对于文本深入的挖掘不够。同时，情感态度价值观一维的目标达成也停留于表面。

例如，当堂课的作业单中"猫和老虎的故事让我们懂得了什么？"的反馈显示，全班32位同学，有31位学生的回答几乎一模一样，即在生活中要学会保护自己，防备像老虎一样心怀鬼胎的人。只有一位学生发表了不一样的感言："做任何事情都不能忘恩负义"。

原因诊断：

（1）教师对于语篇中"猫是早就知道它的来意的"中的"早"字，以及"这是侥幸的"中的"侥幸"等影响整个语篇理解的关键词没有设计高质量的问题来引导学生挖掘其隐藏的丰富信息，从而导致学生对语篇的理解不深入，课堂缺乏更高质量的生成。

如针对"早"字，教师可以提出"究竟是早到什么时候？"的疑问，因为学生对此的判断会直接影响到对语篇的理解：如果是早在教老虎扑、捉、吃的本领之前，猫就知道老虎后来会来杀它，说明猫不教老虎上树的本领是有远见且大智若愚，但是这与作者在文章的最后一段说"这是侥幸的"就自相矛盾了。既然是"侥幸"的，就说明猫没有教老虎上树的本领就纯属是碰巧和偶然，这完全是因为老虎的"性急"救了猫一命。由此还可以引出一个相关问题，即"猫为什么没有教老虎上树的本领？"

答案可能有两种：一是因为猫察觉到老虎有可能杀它，所以留一手上树的本领保命，这种预感只可能是在老虎来杀它之前，不可能再早，否则同样与"侥幸"一词矛盾。二是猫是准备教老虎上树的本领的，只是因为老虎性急地想要早点耍威风而起了杀机，"教学进度"被意外打断了，与本文开篇时讲到祖母给作者猜谜语被猫的趾爪在树上发出的爬搔声打断随即改讲猫和老虎的故事一样，都同样是因为碰巧和偶然，否则，如果老虎没那么性急而学到了上树的本领，可能猫的命运就要被改写了。

（2）在最后的综合提高环节，教师设计了故事复述、标题替换、寓意领悟和检测反馈等四项任务，当时课堂剩下 14 分钟，故事复述用了 7 分钟，标题替换比较用了 1 分钟，最后还要保证至少有 3 分钟的作业单反馈检测时间。所以，在有限的 3 分钟内，教师来不及组织学生讨论交流以领悟故事的寓意，于是直接告诉学生教师认为的寓意和道理，使学生停留于人云亦云的认识状态。

明理任务的教学片段如下：

师：那么鲁迅先生想通过这个故事告诉我们什么道理呢？（老师引导学生看板书）

师：在生活中我们应该像猫一样做一个善良的人，但是在面对像老虎一样心怀鬼胎的人，我们也应该学会保护自己。

（师出示寓意并朗读：在生活中，要学会保护自己，防备那些像老虎那样心怀鬼胎的人。）

改进建议：

（1）整合教学环节，将综合提高环节里的明理要求提前到细致研读环节来进行，在语篇理解中明白告诉学生其中的道理。

例如，教师可以通过设计问题来引导学生，达成领悟故事寓意的教学目标。"如果老虎在学会了扑的方法、捉的方法、吃的方法之后不那么性急，想想看结果会是怎样？这次算是老虎的性急救了猫的命，下次还会这么侥幸吗？想想我们怎么办才能总是有安全感呢？"

（2）精简教学环节，综合提高环节既有复述又有换标题的比较，任务较多，可以重点让学生进行较充分的复述准备和表达，删减标题的替换比较。

（3）进一步优化综合提高环节中故事复述任务的任务设计，充分激发学生爱想象、爱表达、爱表现的天性，组织学生进行角色扮演。

（4）统筹课堂任务，将原反馈检测中的生字词检查和对整个语篇的理解与感悟合并，即先精炼地概括整个故事，将生字词的检查贯穿其中。有了这方面内容作铺垫，接着挖掘学生的感悟就顺理成章了。

三、第三次课提高

在第三次研究课上，课堂发生的积极变化如下：

（1）课堂导入环节进一步优化，在出示了猫和老虎的图片之后让学生阐述对这两种动物的感受与印象，教师运用了强烈对比的词语激发学生阅读新语篇的兴趣，用时1分钟。教学片段如下：

师：请同学们说说你们对这两种动物是什么感觉？

生1：猫是漂亮的宠物，老虎是凶猛的野兽。

生2：猫是家养的，很温顺；老虎总是喜欢张着血盆大口吃其他的动物。

师：小小的猫是凶猛的老虎的先生，你们相信吗？

生（众）：不相信！

师：我们接下来就要学习猫和老虎的故事。

（2）在整体感知环节，教师新增了通过阅读获得感受以及融入感受进行阅读的任务，很好地促进了学生对故事中猫与老虎两个角色的认识。

如对于"老虎又是怎样对待它的先生的？"这样一个问题，很多学生都在书上找到了描述语句，即"老虎想，本领都学到了，谁也比不过它了，只有做老师的猫比自己强，要是杀掉猫，自己便是最强的角色了。它打定主意，就上前去扑猫。"老师让学生体会这是一只什么样的老虎。先后有4个同学分别说出了"阴险狡诈"、"忘恩负义"、"凶猛"和"可怕"，老师让这四位同学分别把他们各自认为的老虎的感觉读出来，激发了学生阅读的兴趣和对语篇的理解。

（3）在综合提高环节中领悟故事寓意的过程中，教师从语篇最后一段"这是侥幸的，我想，幸而老虎很性急，否则从桂树上就会爬下一只老虎，终究是很怕人的"一句入手，特别是以"侥幸"一词为突破口，让学生真正体会到猫逃过一劫纯属偶然，很惊险。在此基础上，教师恰到好处地引入当堂反馈作业单让学生进行寓意的体会和领悟，并且该作业单的设计以串联生字词并要求以注拼音的形式概述故事梗概，教师随后让学生思考故事蕴含其中的寓意，这样使得原本分作两项的任务合二为一。从随后学生的表达可以看出，学生对于故事寓意的领悟与体会非常鲜活真实：

生 1：我们不能把本领教给心术不正的人，要学会仔细观察他们。

生 2：我们不能忘恩负义，要尊敬老师。

生 3：做什么事情都要机警。

生 4：做一个善良的人，也要学会保护自己。

附当堂反馈作业单：

给画线的生字注拼音并完成随后的思考题：

猫本来是老虎的师<u>傅</u>（　），由于老虎性急地想要成为最强的<u>角</u>（　）色，竟要杀猫。幸亏猫还没教它上树的本领，早知道了它的来意，<u>侥</u>（　）幸地逃过了一劫，所以我们今天还能听到猫的<u>趾</u>爪（　）在树上的爬<u>搔</u>（　）声……

这个故事告诉了我们_____。

（4）在综合提高环节中的故事复述过程中，教师以角色扮演的形式让每三个同学进行情景化的故事剧表演，真正体现了寓教于乐。学生们积极融入角色扮演的课本情景剧之中，享受课堂，全身心地体验阅读带来的快乐，掀起了课堂学习的高潮。

三次课探索改进的脉络如下：

第一次课，设计了"总—分—总"阅读教学环节的组合，细致研读环节有鲜活内容的生成，但教学环节欠缺有机联系，语篇整体理解不到位。第二次课，问题驱动课堂，想象说话有新意，但语篇关键字眼分析不定位，挖掘文本力度不够。第三次课，朗读凸显语篇感知，角色扮演盘活课堂。

四、达成的共识与结论

基于优化课堂教学环节的专题实践研究，研究小组形成阶段的共识与结论如下：

1. 新授阅读课基本的教学环节

新授阅读课可以从"课堂导入—整体感知—细致研读—综合提高"四个环节展开，同时也体现了新语篇学习的"总—分—总"的思路。

在课堂导入环节，可以实践的策略包括：（1）知识联系。教师可以通过复习已学过的知识，引出当堂课将要学习的新知识，在新旧知识之间搭起桥梁。如本次实践研究的第三次课，教师首先出示了学生都很熟悉的猫和老虎两种动物的照片，让学生讨论对它们的感受。（2）悬疑激趣。教师可以采用视听刺激的方法，如利用具有视听冲击力的图片或声音吸引学生的注意；教师也可以提出有价值的问题引起学生关注，如本次实践的第二次课，教师在学生分别认识了猫和老虎两种动物后随即提出"猫是老虎的先生，你们相信吗？"的问题，有意设置悬疑来引发学生思考，使学生带着对问题的思考仔细学习新语篇；教师还可以采用谜语竞猜等形式吸引学生的注意和参与，本次实践研究的第一次课就采用了此方法，只是没有形成对学生的认识挑战。

在整体感知环节，可以实践的策略包括：（1）自主阅读。例如，本次实践研究的第一次和第三次课，教师都是首先让学生通读整个故事，看看写的是怎样的一件事情。（2）教师范读。教师的示范朗读可以较好地体现教师对语篇的理解及对其包含情感的把握，这是对学生的一种绘声绘色的言传。（3）角色朗读。可以让学生对语篇中涉及的角色进行分角色朗读，也可以分男女生或小组朗读，从而促使学生对语篇有更多感性的认识。在本次实践研究的第三次课上，教师先后组织学生就对猫和老虎不同心理活动的想象进行了多人次表现式的朗读。（4）划分段落。可以通过让学生划分段落，使学生更好地理解语篇的整体结构。（5）归纳段意。除了让学生划分出语篇的段落之外，还可以进一步让其归纳出每个段落的大意，帮助学生对语篇有大致了解。

在细致研读环节，可以实践的策略包括：（1）词语欣赏。教师可以就语篇中写得精彩的词语进行品味和赏析。（2）语意揣摩。教师可以选择语篇中重要的语句或语段让学生挖掘和思考其背后隐藏的意义。例如，在本次实践的第三次课上，教师紧紧抓住"猫是早知道它的来意的"中的"早"字和"这是侥幸的，我想，幸而老虎很性急"中的"侥幸"两个关键词语引导学生细细揣摩，从而比较顺利地促进了学生对故事寓意的感悟。(3)替换比较。例如，在本次实践研究的第一节课上，教师让学生体会语篇出现的"猫就教给它扑的方法、捉的方法、吃的方法"一句与教师改写成的句子"猫就教给它扑、捉、吃的方法"进行比较，让学生仔细阅读发现，语篇作者把各个方法一一分开来进行表述，可以较好地体现当时猫教老虎时的耐心，与其后老虎的恩将仇报形成强烈对比。

在综合提高环节，可以实践的策略包括：(1)故事复述。如本次实践的第一次课，教师就让学生在学习了新语篇的内容之后，用自己的话复述课本上讲的关于猫和老虎故事，促进了学生对语篇的综合把握。(2)想象续写。故事往往可以使人产生丰富的想象，正如本次实践研究的第一次课上教师让学生针对猫爬上树从而躲过一劫之后猫和老虎各自的心理活动进行想象说话，使故事在学生想象的世界里延续。(3)角色扮演。为了促进学生对语篇的切身认识与体会，可以让学生扮演其中的角色，深入剧情感受、体验和表现相关角色。例如，本次实践研究的第三次课，教师组织了学生分角色表演复述故事，掀起了课堂学习的高潮。(4)交流心得。在学习了语篇内容之后，可以组织学生交流语篇阅读之后的感受和体会，从而丰富对语篇的认识。例如，在本次实践研究的第一次和第二次课上，教师都组织了学生在学习语篇后评价猫和老虎。(5)题眼征集。在学习了整个语篇内容之后，还可以鼓励学生根据自己的理解，重新给语篇起标题，这样可以更好地锻炼学生对语篇的把握能力。例如，在本次实践研究的第二次课上，教师组织了题眼征集活动，有的学生说是"机灵的猫的故事"，有的说是"狡猾的老虎的故事"，最终通过比较发现，还是原题眼"猫是老虎的学生"更好地说明了两者之间的关系。

2. 优化课堂教学环节的有效策略

(1)设计统领全篇的问题链，使教学环节环环相扣。在语篇教学过程中，如果能够设计出一个主问题，并由该问题生成一个个相关问题，从而形成一个有机的问题链，就可以使得课堂教学思路清晰、环环相扣。例如，本次实践研究选择的《猫是老虎的先生》一文，就可以把"为什么说猫是老虎的先生？"作为统领整堂课教学的主问题，由此设计一个个具体的小问题："先生是什么意思？""作为老虎的先生，猫传授了哪些本领？""作为猫的学生，老虎是这样汇报先生的？""面对老虎的杀机歹意，猫又是如何应对的？"……

（2）理清语篇学习的重难点，使教学环节重点突出。相对于学生的学习而言，每一个语篇都有重点要学习的内容和难以掌握的内容，教师要善于分清重难点，在教学环节的设置中有意体现对其的克服。例如，在本专题实践研究的第一次课中，教师并没有很好地体现对故事寓意的重点探索，在前面的整体感知环节用时太多，以至于重要的综合提高环节只得匆匆收场，没有实现教学目标。

（3）整合教学目标的三个维度，使教学环节融通渗透。知识与技能，过程与方法，情感、态度、价值观，是新课程改革对课堂教学提出的目标，不能孤立地看待其中任何一个维度的目标来设置相应的教学环节，因为上述三维目标是三位一体的，执教教师应当设计贴近学生认知规律和符合学科特点的教学过程与方法，以知识与技能的培养为载体，在此过程中渐进引发情感、态度、价值观的形成。所以，教师对课堂教学的三维目标只能整合，并使其渗透和融汇在教学的各个环节之中。例如，本次实践研究的第三次课上，教师就把细致研读和符合综合提高要求的寓意感悟任务进行了有效融合，顺利地完成了预期的教学目标。

（4）做好时间分配的加减法，使教学环节经济且有实效。课堂教学是在课堂规定的有限时间范围内进行的活动，教学活动的各个教学环节的时间只能是规定时间总量的再分配。因此，课堂教学必须保证各个教学环节耗时最少且效果最佳，为了实现这样的目标，教师只能在课堂教学过程中灵活调整各个教学环节的时间分配，根据学生课堂上的学情灵活做好时间的加减法，把有限的教学时间投入到最能解决学生学习疑难和整体提升学生能力的教学环节中。正如本次实践过程中执教教师所表现的一样，在第一次课整体感知环节花费时间偏长而效果并不明显的情况下，教师在第二次课就进行了灵活调整，由原来的10分钟缩减为第二次课的7分钟，并在

第三次课精简至 5 分钟，很好地适应了学生的学习需求，从而也达到了比较好的教学效果；同样，细致研读环节的时间也从第一次课的 17 分钟精简到第二次课的 12 分钟，最后又增至第三次课的 27 分钟。

专题3：小组合作学习的课堂实践研究[①]

小组合作是中小学英语课堂教学的一种常态，因为语言的学习需要通过人际互动来实现，包括语言知识的巩固以及语言运用的实践。但是，在具体的教学过程中，小组合作学习从设计到实施，还有很多问题值得思考，例如，小组合作的内容如何确定，小组合作的形式如何创新，小组合作的分组如何合理。课题研究小组希望通过深入课堂的实践研究，实现以下具体目标：诊断影响小组合作学习实效的原因，寻找促进小组合作实效提高的策略方法，提炼形成组织小组合作学习的理性认识。

一、第一次课试教

教师选择的是人民教育出版社第六册《英语》的第三单元 My Birthday B 部分 Let's Talk，当堂课的教学目标设定为能够熟练运用 12 个月份和 30 以内的序数词以及 "When is your birthday?" 和 "What's the date?" 两个句型进行有关生日、节日、纪念日的英语会话实践。

值得肯定的两个方面如下：

第一，教师在课堂上组织了大小共三次小组合作学习活动，针对学生关注的兴奋点进行了有意义的生活联系，以生日话题为中心，活动主题与单元内容密切相关，很好地突出了单元主题。第一次是小组针对周杰伦等五位明星的出生月份进行问答，第二次是小组针对周杰伦等五位明星出生月份及日期进行问答，第三次是小组内做生日调查的活动。

[①] 参见胡庆芳：《扩大小组合作实效的课堂实践研究》，载《中小学外语教学》，2009 (7)。

第二，在部分小组活动过程中教师进行了有意义的自由分组尝试，促成了学生积极学习情形的出现。例如，在针对周杰伦等五位明星进行生日问答的环节，教师让学生自由结对，针对自己喜欢的明星进行合作问答，学生表现得很积极。

问题发现及原因诊断：

（1）小组合作的形式主要以问答为主，形式比较单一。

课堂上组织的 3 次活动基本上都是以 "When is your birthday?" 和 "What's the date?" 来展开，主要是问答的训练。如：

When is Pan Weibo's birthday?
It's in July.
What's the date?
It's July 6th.

（2）小组学习内容局限于 12 个月份和部分序数词，课堂学习的信息量偏少。

课堂上教师唯一添加的内容就是 5 位流行明星，但也局限于生日信息，课堂上小组活动的内容显得比较单薄。

（3）部分小组合作学习活动设计得不周全，目标词汇运用出现错误的比例较大。

例如，选取周杰伦等 5 位明星生日时，没有涉及 1、2 和 3 做序数词时词形需要作特殊变化的情形，致使在最后一个小组活动（做生日调查）中，10 个小组的学生采访员在针对 36 名学生的出生日期记录中，有 7 处出现错误。

（4）部分小组合作学习活动的指导不到位，使活动的实效性大打折扣。

例如，在最后一个环节做生日调查的小组合作活动中，教师让四人一组，其中一个学生对全组做调查，本来需要采访员与小组成员就 name/birthday/favorite food/ability 四方面进行英语采访并做要点记录，但很多组的采访员都用汉语提问，只是机械地完成填空任务。

（5）部分小组合作学习活动的设计，在内容上有些重复。

例如，有关周杰伦等明星的生日话题细分成了月份和日期来组织两次合作活动，任务划分不太合理。

改进建议：

（1）在课堂导入环节，可以针对月份和表示一个月里 30 天的序数词来设计小组的接龙游戏，既可以活跃气氛，又可以复习前面刚学习过的词汇，为新课的句型运用做充分预热。

（2）在有关生日的小组合作学习过程中，也可以适当进行拓展，比如可以与季节相联系设计问题，还可以引入国际儿童节、国庆节、母亲节、父亲节、感恩节等节日的日期、星期等信息进行交流互动。

（3）在小组活动设计上，考虑以恰当的梯度编排，循序渐进。

二、第二次课改进

在第二次研究课上，课堂教学做了如下改进：

（1）教师在小组活动的组织形式上做了新的尝试。

例如，设计了学生两两面对面听音乐练习咏唱（chant）的游戏。本次小组活动既调动了学生的学习状态，又复习了表示 12 个月份的单词。Chant 的内容如下：

> When is your birthday? When is your birthday?
> Listen and do! Listen and do!
> January and February, raise your hand!
> March and April, up you stand!
> ⋯⋯⋯⋯⋯⋯

又如，在小组练习月份和序数词时，教师编排了简单易学的 chant：

> January, January, the first is January.
> February, February, the second is February.
> ⋯⋯⋯⋯⋯⋯

（2）教师根据课堂上动态生成的信息组织开展小组的问答活动，

任务显得真实且有吸引力。

例如，教师把 12 个月份和 30 个日期组合设计成一个坐标，教师说出自己的出生月份和日期并填写之后，开始询问 3 名学生的生日并填写进坐标，然后组织学生分组针对坐标上的信息（Apr. 7th，Apr. 21st，Aug. 23rd，Jul. 1st）进行小组合作问答。

问题发现：

（1）对创新的小组合作形式利用不充分，本可以高涨的学习热情并没有出现。

例如，在课堂导入环节引入的 chant 练习的小组活动中，本来需要边念 chant 边根据指令做相应动作，但教师简单化地让学生两人一组从头至尾和着节奏说唱了一遍。活动中应有的一部分人说唱指令、一部分反应做动作的益情益智的效果错失。

（2）教师对小组合作学习的内容拓展不够，学习的机械重复性使课堂导入环节激起的学习兴趣开始减退。

例如，在经过了 chant 练习的课堂导入部分，和教师组织学生代表在设计的月份与日期组成的坐标上填写自己的生日之后，在大约 10 多分钟的时间段里，教师组织的小组合作学习只是针对 4 位同学的生日信息进行记忆游戏，其意义与价值大打折扣。

在课堂上最后做生日调查的环节中，10 个小组的记录员在组内调查到的 33 项记录中，有 4 项生日记录出现错误。

（3）教师在组织小组合作学习时，指令不清楚，学生茫然无措的情形屡屡出现，影响了活动的顺利开展。

例如，课堂导入部分的听音乐进行 chant 说唱练习，教师直接播放音乐，接着让两两面对面站立，学生们机械站立，等教师下一步安排，教师和着节奏说唱完到第二句时学生们才反应过来并跟上。

改进建议：

（1）周全地设计小组合作学习的任务，要求明确，再对结果进行检查，使得知识的学习收到成效。

（2）进一步创新小组合作学习的形式，使学生更愿意身心投入，使得情感的体验更加深刻。

（3）整体地权衡小组合作学习的布局，由浅入深、由易到难，使得学习的旅程循序渐进。

三、第三次课提高

在第三次研究课上，课堂发生的积极变化如下：

（1）小组活动增强了趣味性、竞技性，学生投入积极。例如，教师引入了由 12 个月份名称改版的歌曲 Happy Birthday to You，让小组练习歌唱，因旋律熟悉，改版有些时下流行的"山寨"风格，课堂学习气氛一开始就高涨起来。部分歌词如下：

> My birthday is in January,
> My birthday is in January,
> My birthday is in January,
> When is your birthday?
> ....

接下来，教师组织了 4 个小组之间的歌唱比赛，每个组都尽力表现得声音洪亮，歌唱流利，课堂学习气氛一下子掀起了一个高潮。

（2）小组活动增加了真实性，生成变得灵活而丰富。例如，教师在最后一个环节设计了学生两人一组对前来听课的 20 多位教师进行有关生日的采访并记录，合作学习过程新鲜而真实，灵活动态地生成了很多信息。

（3）小组活动加强了指导和示范，保证了活动的顺利进行。例如，在最后做采访的环节中，教师给出了一个充分样例，并与一位教师现场进行示范，包括怎样问、怎样做记录等。教师提供的采访提纲如下：

> A 方案：
> A：What's your name?
> B：…
> A：Is your birthday in…?
> B：Yes.

A：What's the date?

B：It's…

B方案：

A：What's your name?

B：…

A：Is your birthday in…?

B：No.

A：When is your birthday?

B：My birthday is in…

A：What's the date?

B：It's…

（4）小组合作活动的设计体现了递进性，整堂课的小组合作学习循序渐进。例如，练习月份和序数词的小组合作活动属于"基础巩固性"活动，根据示范创编chant的小组合作活动则属于"语言创造性"活动，要学生两人一组完成生日调查任务则属于"综合实践性"活动，小组合作的学习活动表现出了层次感，而不是同一水平线上的重复。

（5）小组活动设计精致化，且突出了目标达成中的难点，针对性强、达成度高。例如，在练习序数词的小组活动中，教师做了许多盘折纸，每一张折纸上都写有一个序数词。装满折纸的盘子一开始藏在每一组一个学生的座位抽屉里。其中特别罗列了1、2、3、21、22、23、31这样7个由基数词到序数词需要做特殊变化的序数词。

最后回收的生日采访记录显示，17项生日记录中，错误的只有2项。

改进建议：

（1）小组活动的时间根据任务完成情况，适当留有余地。例如，最后两人一组做调查的小组合作环节，时间比较紧，15个小组只有5个小组完成了对两位教师的采访记录，7组完成了对一位教师的采访，还有3个小组未能完成采访任务。

（2）小组活动设计的精致化还有进一步加强的空间。例如，在练习序数词的环节，还可以增加写有基数词和月份的折纸。这样就可以让手持基数词的同学寻找对应的手持序数词的同学——寻找本身就是一种复习。在后面的环节还可以让手持月份的同学和手持序数词的同学配对做日期练习。

三次课的演进脉络如下：

第一次课：小组合作有机会，自由分组有尝试，但合作形式单一，内容拓展有限，缺乏层次递进。

第二次课：小组合作有创新，情感体验有快乐，但内容拓展仍有限，层次递进仍不足，活动设计欠精致。

第三次课：小组合作的层次感明显，活动设计精致化，情感体验方面有较多创新，但活动设计的精致化仍有提升空间。

四、达成的共识与结论

第一，小组合作学习可采取的分组形式如下：（1）位置相邻：位置决定组织，成组快捷简单。上述三次课中的很多小组合作活动大多是这样进行分组的。（2）自由组合：选择注定默契，投机收获快乐。比如本研究的第一次课中针对流行明星的自由组对，学生可以选择自己喜欢的明星进行互动问答。（3）性别分组：性别决定组别，优势成就特色。在语言学科的学习中，分性别角色的小组准备和接下来的男女生对比表现，往往可以充分发挥学生的性别优势。（4）差别搭配：先进带动后进，群体底线提升。这种分组方式比较适合教师对学生比较熟悉的班级，分组时让学生好中差搭配。（5）正反分组：立场划定阵营，对决演绎精彩。这种分组方式比较适合思维发展到一定程度的高年级，他们往往具有自己的观点因而可以争鸣碰撞出新知。

第二，小组合作学习可能的表现形式如下：（1）分组练习：目标知识通过小组合作来巩固强化，如进行固定内容的对话。（2）分组讨论：目标知识通过小组合作来建构拓展，如开放性或争议性话题的讨论辩明。（3）分解任务：目标任务通过分组分工合作完成，如全班齐动员，各组任务各不同。（4）分组表演：目标情感通过小组合作来充分体验培养，如角色扮演。

第三，小组合作学习的实效性判别标准如下：（1）对目标知识可以准确而熟练地掌握。基于目标词汇的认知和记忆的小组合作活动，尽管没有新的生成，但只要学生经历小组合作学习后对目标词汇能够准确而熟练地掌握，就是有效的小组合作学习活动。（2）有新的、有意义的内容生成。基于目标词汇和句型等进行理解和运用的小组合作活动，其有效性就是要考察其过程中的生成性。（3）有积极的思维活动过程的锻炼。在各种小组合作的学习活动中，只要学生在活动过程中经历了积极的思维活动，得到了有意义的思维训练，小组合作学习就是有效的。（4）有愉快的情绪情感生发的体验。有些小组合作学习活动可能新知识的生成很少，但是学生在经历了教师设计的一段小组合作学习活动之后，学习的兴趣提高了，合作的愿望增强了，这样的活动也是有效的。（5）有全小组学生参与融入的效果。这是从学生参与性的角度来考察小组合作学习的有效性，它要求教师设计的任何小组合作学习活动，都要充分关注学生，保证每一位学生在教师设计的学习活动中学有所获。

第四，小组合作学习的实施原则如下：（1）整体把握教材，在重点难点上设计活动。比如，在本研究的三次课中，教师都比较集中地围绕有关月份和序数词以及针对生日提问的句型来设计小组合作学习活动，所以，从内容上而言，小组合作学习的内容紧扣了教学目标。（2）周密地设计合作，在活动前做好说明示范。在本研究的第三次课中，因为教师做了明确的说明和充分示范，所以学生对小组合作学习任务非常清楚。（3）零盲区实施导控，在巡回视导中恰当介入。小组合作学习的活动主体是学生，但是这并不意味着教师可以对学生不再认真关注，反而特别需要教师在过程中进行指导与维护。（4）尽可能扩大分享，在组内、组际间共享智慧。组织小组合作学习活动不能满足于小组内的任务的圆满解决，还要特别注意组与组之间的交流共享，这样小组合作活动的意义才会放大。（5）及时给予评价，在评价中突出激励肯定。对于每一次小组合作学习活动，教师都要注意运用评价的激励功能，使学习可持续进行。

专题4：课堂情景创设的实践策略研究[①]

新课程的教学理念以建构主义认知心理学为基础，倡导还原知识的社会与生活情景，在情景中认知，在活动中体验。但是在新课程的推行过程中，也频频出现情景创设被滥用的情形，致使不少课堂上的创设情景应有的作用和效果大打折扣：有些明显多此一举，有些显得牵强附会，有些更是漏洞频出。为了诊断情景创设低效的可能原因，和寻找提升情景创设的有效策略，本研究选取了上海市某小学二年级上学期的一个内容模块的教学作为案例。该案例通过同一位教师在不同的三个班级先后三次的情景创设型授课，以及每一次课后及时而充分的研讨及改进，最终明显提高了情景创设的有效性和引发了课堂情智交融的精彩。

一、第一次课试教

执教内容是上海世纪出版股份有限公司出版的牛津英语小学二年级上册第二模块第二单元"Let's Play Outside"。第一次课的情景教学设计包括四个板块：(1) 音乐情景热身。教师播放动物大联欢的音乐画面，让学生指认自己喜欢的动物，引入动物话题。(2) 故事情景展开。教师以 Blue Cow 为主角，展现其在运动场上进行锻炼的尴尬遭遇：想荡秋千却坐不上去，想玩滑滑梯却臀部被卡住，想玩跷跷板却没有人能够跷得起它，最后直到走到"跳房子"的游戏才终于玩个尽兴。在这一叙述过程中，教师依次引入目标词汇 swing, slide, seesaw, hopscotch 的学习。(3) 对话情景巩固。教师呈现若干运动项目的图片，让学生相互问答项目名称，并且邀约一起玩乐。(4) 音乐情景烘托。在欢快的音乐 Let's Sing and Dance 欣赏中结束，把学生的认知和情感推向一个新高度。

[①] 胡庆芳：《创设有效教学情景的实践研究》，载《中小学外语教学》（小学篇），2009 (2)。

本次课表现出的亮点有：以创设的情景展开教学，学生活动认知以及情感体验的机会较为充分。

例如，在引入目标词汇 seesaw 时，教师使用多媒体课件展现 seesaw 一词的拼写像跷跷板一样左右上下起伏的动画，随着动画的节奏，教师描绘说"up"、"down"。随后教师编排了让学生两人一组玩跷跷板的游戏。每两个学生组成一组，一个学生邀请另一个学生玩跷跷板，接下来两人面对面、手拉手，站立的同学说"up"，蹲下的同学说"down"，两个回合为一次游戏：

A：Let's play on the seesaw.

B：Ok.

A：Up!

B：Down!

B：Up!

A：Down!

A and B：How fun!

又如，在学习目标词汇 hopscotch 时，教师在教室地板上用粉笔画了"跳房子"游戏的格子，示范表演游戏规则，即三次单足跳后两次双脚跳，单足跳时念"hop"，双脚跳时念"hopscotch"。两个学生一组，一个学生邀请另一个学生玩"跳房子"的游戏，自己先开始，然后让对方进行。活动情形如下：

A：Let's play hopscotch!

B：Ok.

A：Hop, hop, hop/hopscotch, hopscotch

A：It's your turn.

B：Ok. Hop, hop, hop/hopscotch, hopscotch

A and B：We are happy!

同时，结尾部分的 Let's Sing and Dance 的音乐渲染使学习的情感体验和学习内容的巩固得到了进一步提高。歌曲如下：

LET'S SING AND DANCE

1=C 4/4
轻快、活泼地

5 5 0 0 0 | 2 5 0 0 0 | 5 5 0 4 4 4 | 4 2 0 0 0 |
He-llo, my friends. Let's playing on the slide.
　　　　　　　　　　　　　　　　　　　　　　see-saw.
　　　　　　　　　　　　　　　　　　　　　　swing.

【(第三、四段) 3 1 0 0 0 | 7 7 0 6 6 5 | 6 5 0 0 0 】

0 0 0 0 | 2 2 4 4 4 0 | 0 6 — 5 | 2 1 1 — 0 |
The slide is fun. We are ha-ppy, we are ha-ppy.
seesaw
swing

问题发现及原因诊断：

（1）创设的 Blue Cow 故事主情景被一个个目标词汇的识记与游戏分割，故事情景的整体性体现不突出。

（2）目标词汇呈现时，背景色彩不够鲜明，与之相关的色彩提问时学生判断比较犹豫。

（3）教学的空间环境不适合学生活动表演，固定座位成为障碍，游戏只能在狭窄的过道上进行。

改进建议：

（1）为了还原创设的 Blue Cow 在运动场上尴尬遭遇的故事的完整性，教师在针对目标词汇逐个认知之后，可以做一个情景串联，既能复习目标词汇，又能呈现故事全貌，从而使整堂课的教学在主情景下依次展开。

（2）歌曲 Let's Sing and Dance 不仅旋律欢快，而且在内容上很好地体现了目标词汇，因此教师在目标词汇的认知环节中也可以分片段地利用该歌曲。

（3）教室的布置可以设计为半圆形"剧场"，学生呈半圆形入座，以便于游戏开展。

（4）为了加强目标词汇音形义之间联系的创建，教师呈现图片或设计游戏道具时，应注意呈现目标词汇。

二、第二次课改进

执教教师根据第一次课后提出的改进建议，重新设计了教案并展开教学。该次课体现出的改进主要表现在：创设情景 Blue Cow Wants to Play on the Playground 的整体性得到加强，情景表演式学习的环境有明显改善。

例如，教师在 Blue Cow 依次经历了 swing, slide, seesaw 的游戏尴尬之后，告诉学生 Blue Cow is sad，并设问原因，很好地串联起了故事的情景片段，然后进入最后一个游乐项目——玩 hopscotch 的环节。

又如，学生在半圆形空间里进行多次表演游戏活动。教师整堂课都在学生围坐成的半圆形"剧场"里进行创设课堂情景的"导演"，学生也在这个"剧场"里"表演"。

问题发现及原因诊断：

（1）教师对游戏活动的控制偏强，指定学生表演，表达的内容也是固定的，使得学生情景表演的自由度受到限制。

（2）创设的 Blue Cow Wants to Play on the Playground 故事情景，Blue Cow 没有很好地体现出来，以至于自始至终都是学生们在尽情地玩，创设的故事情景主角 Blue Cow 显得可有可无。

（3）教师把结尾的主题总结为"Be Friendly and Polite"，与故事情景不吻合，有牵强附会之感。

改进建议：

（1）突出情景表达的真实性。教师给学生多创造一些机会让他们能够表达真情实感。

（2）增强情景创设的合理性。建议在 Blue Cow Wants to Play on the Playground 故事情景的创设中，让学生们带 Blue Cow 去游乐场，并教 Blue Cow 玩。如此一来随着一个个游乐项目的进行，故事也得以延续。

（3）准确定位情景的主题性。建议将情景主题改为 Make Friends with Animals and Play Together。

三、第三次课提高

经过再次的修改设计和课堂实施，第三次课的教学体现出了以下方面的明显效果：

（1）故事的完整性和合理性得到明显改善，创设的故事情景与课堂浑然一体。学生们在情景中感知，在活动中扮演，目标词汇的认知和游戏活动的体验都取得了较好的效果。

例如，在创设的情景 Blue Cow Wants to Play on the Playground 中，教师扮演 Blue Cow，让学生们带 Blue Cow 去游乐场玩，Blue Cow 主动要学生们给它介绍游乐项目，并让学生先表演给它看怎么玩，这样一来，随着一个个游乐项目的尝试，清晰有效地推动了教学过程。

又如，关于比较难的目标词汇 hopscotch，学生认读的速度和准确性提高。在前两次课的教学过程中，对于 hopscotch 一词的认读，很多同学要经过多遍的教读才能掌握。该次课上，教师在设计的 hopscotch 道具方格里直接多次呈现"hop"和"hopscotch"，这样一来，学生边游戏边学习，顺利地完成了对目标词汇的认知。

（2）教师创造多种情景游戏的机会让学生参与，并且注意到让学生根据兴趣和爱好来选择，学生的真情实感得以自然流露。当故事依次经历了 swing，slide，seesaw 和 hopscotch 的游乐项目后，教师再次以图片形式一一展现这些目标词汇，并把它们贴在半圆形"剧场"的不同方位，在事实上开辟了这些游乐项目的区域，为接下来的选择性活动作好了准备。

（3）教师加强了对开放型问题情景和任务型活动情景的辅助，引发了学生精彩的创造和生成。

例如，教师让学生针对学习的儿歌"Seesaw, seesaw/Up and down/Seesaw, seesaw/It is fun"，以小组合作学习的形式自编一段儿歌进行表演。学生的创作表现出了明显的创新。一个学生演唱道："What's this? /It's swing/What's that? /It is seesaw/I can play on the swing and seesaw"。另一个学生演唱道："One seesaw/Two seesaws/Three seesaws/Four seesaws/One, two, three, four"。

四、达成的共识与结论

三次课清晰地展示了基于预约情景创设的精彩课例研究课发展的脉络：第一次课时，情景的趣味性体现充分，但故事的整体感不足。第二次课时，情景的整体感得到增强，但细节设计精致不够。第三次课时，情景的精致化得到体现，情智交融的效果显现。通过这三次课教学的改进，我们形成的针对有效课堂情景创设的认识如下：

（1）有效的情景创设可以尝试的途径与方法如下：第一，实物呈现情景。对于一些日常生活中可以接触到的名词，可以直接以实物呈现的方式构织情景和展开教学，这样可以顺利地建立起目标词汇的音形义之间的联系。比如，在本专题课堂上，执教教师亲手制作的"跳房子"游戏用的纸板，就让学生直观地认识到了目标词汇 hopscotch 指代什么。第二，图画描绘情景。对于一些生活情景或故事情节，教师可以尝试以图形的勾勒再现其情形原貌。该专题研究课上，执教教师使用了多媒体动画展现跷跷板为何物。第三，音乐渲染情景。为了渲染气氛使学生有身临其境之感，为了调动情绪情感，教师可以尝试用音乐的形式。该专题研究课上，执教教师选用的歌曲 Let's Sing and Dance 就很好地调动了学生的愉快感。第四，语言描述情景。对于一个复杂的情景，教师可以通过语言描述创造一种意境和想象空间，同样可以达到身临其境的效果。该专题研究课上，执教教师运用讲故事的形式把 Blue Cow 在运动场上的遭遇完整地串联了起来。第五，活动体验情景。对于一些情感与认知体验方面的内容，教师可以设计活动让学生参与和表演从而经历体验的过程，以达到增进理解的目的。该专题研究课上，执教教师就组织了多种游戏活动让学生体验学习。

（2）有效的情景创设必须体现的原则与标准如下：第一，目的性。所有教学情景的创设都要体现教学目标，情景创设是教学的一种手段，为教学目标服务。该专题研究课上，执教教师专门设计了 Blue Cow 玩游乐场的故事情景来探索情景创设对学生认知和情感的促进作用。第二，主题性。教师创设的每一个情景都需要具有明确的内容和思想，换言之，每一个情景片段都应当是一堂课里一个相对独立的教学单元。该专题研究课上，执教教师设计的 Blue Cow 在游乐场玩的故事情景主要体现了"Let's Make Friends and Play Together"的主题。第三，合理性。教师创设的任何一个教学情景都应当符合常理、贴近生活，明显有悖于常理和生活的情景只能成为学生进入情景状态的障碍。该专题研究课上，执教教师一开始并没有突出 Blue Cow 的角色地位，以至于创设的这个主角可有可无，使教学情景的变换显得生硬。第四，适切性。教师创设的所有情景都应让学生能够领悟和感知，换言之，教师教学情景的创设是为学生的学习服务的。该专题研究课上，执教教师很好地抓住了小朋友爱动物和爱玩耍的天性，设计的 Blue Cow Wants to Play Outside 情景吸引了学生的关注。第五，趣味性。教师创设的情景要具有亲和力和趣味性，学生才会乐于参与和体验。该专题研究课上设计的 Blue Cow 在游乐场的遭遇很有趣，取得了让学生喜爱的效果。第六，整体性。教师创设的情景必须要素完整，并且在呈现过程中注意整体性，这样创设情景才能构成学生展开学习活动的整体环境与氛围。该专题研究课上，教师一开始忽视了整体呈现故事情景，使得整堂课的活动显得散乱，最后通过教学设计的改进，加强了故事情景的整体性，才使整堂课的教学浑然一体。

第二节 初中学段的专题系列

专题1：突破机械记忆的历史教学研究[①]

历史课程的教学重在引导学生学会用辩证唯物主义和历史唯物主义的方法对发生过的历史现象和历史事件以及其中的重要历史人物进行客观的分析与评价，理解人类历史发展的必然规律，自觉培养起促进社会发展和服务当今社会的历史责任感和时代使命感。但

---

① 参见胡庆芳：《新课程指导下的初中历史教学改进》，载《中学历史教学研究》，2010(4)。

是，在当前的初中历史课教学过程中还存在着一些突出问题，与新课程的目标要求还存在着较大的距离，主要表现如下：注重历史知识的获得胜过学生深入的理解，历史教学等同接受学习；强调教师课堂的讲授胜过学生的讨论发现，认识历史人云亦云；忠实课本教材的范围胜过课程的二次开发，以教材为本替代了全面学习；追求课堂知识的目标胜过其他两维目标的达成，讲练结合无视导学育人。

针对上述种种亟待解决的突出问题，本课例研究小组以突破机械记忆的教学方法为研究的切入口，着力探索符合新课程标准要求的行之有效的教学策略，并确立了有效识记、深化理解和激发情感的探索方向，最后基于实践探索经验提炼形成历史课教学的理性认识与见解。本次实践研究中，同一位教师针对同一教学内容进行了连续三次的教学探索和持续改进，最终取得了比较满意的教学效果，并在此基础上综合整理形成初中历史课教学改进的专题研究报告。

一、第一次课试教

执教教师选择的是浙教版《历史与社会》八年级第六单元"席卷全球的工业文明浪潮"第三部分"汇入工业文明大潮的中国"的第一课《屈辱的岁月》。主要内容包括19世纪40年代至20世纪初西方列强对中国发动的鸦片战争、第二次鸦片战争、甲午战争以及八国联军侵华战争，面对列强入侵中国掀起的悲壮反抗史实，以及在此期间清政府与西方列强签订的《南京条约》、《北京条约》、《马关条约》和《辛丑条约》。教学目标主要有两个：一是引导学生自主学习，了解近代资本主义列强对中国发动的侵略战争、强迫中国签订的不平等条约以及帝国主义瓜分中国的狂潮，认识殖民主义的侵略本质和清政府的腐败无能；二是通过讨论、比较、归纳等活动，引导学生分析不平等条约对中国历史进程的深远影响。

课堂教学值得肯定的方面如下：

（1）执教教师采用了看图说话、对照比较和小组讨论等教学方法，对机械记忆型的传统教学方法有所突破。

例如，为了引入鸦片战争、第二次鸦片战争、甲午战争，执教教师分别出示了虎门销烟、圆明园残垣断壁和邓世昌与致远舰同存亡的图片，并让学生来叙说相关内容。

又如，为了让学生对鸦片战争、第二次鸦片战争和甲午战争发生的时间、交战的双方以及战争结果有所了解，执教教师设计了一个表格对这些信息进行了比较对照。在接下来对三个条约的了解环节中，执教教师组织了小组讨论让学生比较上述三个条约的共同点。

（2）执教教师比较恰当地补充了一些课程资源，促进了学生对相关历史概念的了解。

例如，讲到"半殖民地半封建社会"时，执教教师展示了一张知识卡："半殖民地，是相对于完全殖民地而言的，它形式上独立，但政治、经济、军事、外交等受到帝国主义控制和压迫。半殖民地是从国家的政治地位上看的。半封建，是相对于完全的封建社会而言的，指原有封建经济遭到破坏，资本主义有了一定成分，但仍保持着封建剥削制度。半封建是从社会经济结构上看的。"

问题发现：

学生机械识记现象依然存在，学生分析理解能力的培养没有落实，完整性的知识目标没有达成。

原因诊断：

（1）在有关鸦片战争、第二次鸦片战争和甲午战争的看图说话环节中，在学生还没有对文本作基本了解的前提下进行相关知识的迁移和应用不切实际，学生只能被动地从课本上找相关信息机械作答。

（2）在让学生运用表格对三个条约进行内容对照的环节中，表格是执教教师事先设计的而不是学生比较了三个条约之后自主完成的，所以在这个环节，学生只是机械地把书本上的信息搬迁到相应的表格里，没有体现有意义的学习。

（3）在细看条约的教学环节中，执教教师没有设计有启发性和挑战性的问题引导学生分析思考，学生对历史知识的学习基本上还停留于识记水平。例如，在讲到《南京条约》的签订对中国造成的影响，即"中国开始丧失独立自主的地位，一步步沦为半殖民地半封建社会社会"时，执教教师没有用相关问题引导学生从条约本身的内容来进行理解。但在当时这些相关问题本可以起到顺水推舟的学习效果，如教师可以问："为什么说《南京条约》的签订使中国开始丧失独立自主的地位？从哪里可以看出中国一步步沦为半殖民地半封建社会？"

（4）在本课教学内容的截取上，执教教师把有关关天培、邓世昌等民族英雄进行的"悲壮的抗争"的内容板块和《辛丑条约》的内容移至第二次课，使得第一次课教学的内容变得不完整，因为前者本身就是鸦片战争和甲午战争过程中的事件，而后者是和《南京条约》等并列的四大条约之一。

改进建议：

第一，增加学生文本预习的机会，在学生了解基本史实的基础之上再展开有序教学。

第二，增加清政府在鸦片战争时期年度财政总收入等信息，以便于学生对一次次巨额的赔款有相对明确的概念。

第三，增加鸦片战争之前中国、英国和法国等国家发展情况方面的信息，以便于学生对英国等国能够侵略中国的原因等问题有基本的了解。

第四，增加问题设计，引导学生对四次战争以及四个条约的分析与理解。

第五，在课的最后有关四次战争和四个条约及其对近代中国发展进程的影响作总结梳理，以便学生整体掌握当堂课的主要内容。

二、第二次课改进

在第二次研究课上，课堂教学进行了如下改进：

学习内容组织全面，多种不同于机械记忆的教学策略协同作用，学生在有效识记和深化理解方面得到提高。

第一，教师增加了自主预习的环节，使学生一开始就对发生在19世纪40年代至20世纪初的西方列强对中国发动的四次主要战争以及强迫清政府签订的四个不平等条约的内容有了一个基本的了解，为后续的学习作了必要的准备。

第二，教师在课堂上采用了背景铺垫的方法，补充了英国工业革命、清末财政状况、清政府闭关锁国政策以及当时英国对华鸦片输出数量逐年递增的态势等背景信息，为学生理解这段屈辱的历史作了比较好的铺垫。

例如，关于清政府当时的财政状况，教师补充了这样的信息：道光二十一年（1841年），清政府财政收入为 4 125 万两白银。中日甲午战争期间清政府一年的财政收入约 8 000 万两白银，相当于日本当时 7 年的财政收入。1903 年清财政收入为 10 492 万两白银。2 100 万银元指的是西班牙本洋，2 100 万银元约为 1 470 万两白银。学生因此对各个条约中索要赔款的数额有了直观的比较。

第三，教师加强了问题探究的力度，分别对四次战争、四个条约的内容通过一个个问题来引导学生思考和发现，使学生的理解更加深入。

例如，教师设计了以下问题：资本主义国家为了打开中国的市场，对华发动了哪几次战争？战争的情况如何？结合条约的内容说明这些条约的签订给当时的中国社会造成了什么样的影响。

问题发现：

学生缺乏对整堂课内容的主线梳理与总结，针对单元整体内容的把握不够；教师对学生学习过程中的情感激发不够，没有出现学生有感而发的学习状态。

原因诊断：

（1）教师在引导学生对四次战争和四大条约的基本内容有所了解之后，试图用主线串联和问题探究予以总结提高，但是由于主线的串联只用了不到 1 分钟的时间就一带而过，没有起到梳理作用。同时，教师最后提出的诸如"清政府屡战屡败的主要原因是什么？当时首要的任务是什么？"等问题束缚了学生思考的广度，停留于主次选择而不能充分展开和全面总结。

（2）教师在某些重点内容上对问题的设计不到位，以至于散见于文本的诸多信息未能形成激发情感的合力。

例如，教师在讲到西方列强对华发动的四次战争以及由此签订的四个不平等条约时，都会提到清政府的腐败无能，但是学生只是停留于对固有结论的接受上，而没有将其变成真正属于自己的理解。如果教师设计了相关的问题如"从哪些方面可以说明清政府的腐败无能？"就会引发学生在列举史实的过程中亲历情感体验的过程。这些事件可以包括：清政府夜郎自大，愚昧无知（自视为世界的中心，不知英国属何许）；墨守成法，抵制先进文明（重箭矛轻枪炮，几十万清军竟败在只用了50艘舰船和7 000名士兵的英军进攻之下）；割地求和，丧权辱国（尤以慈禧太后的"量中华之物力，结与国之欢心"论调为典型）；助纣为虐，革职忠良（清政府竟将虎门销烟的民族英雄林则徐革职查办，而与之相对照的是林则徐"苟利国家生死以，岂因祸福避趋之"的浩然正气）。

（3）本单元的主题是"屈辱的岁月"，当时的中国已经到了"中华民族最危险的时候"，但是整堂课上这种"悲情"的基调与底色没有被教师突出，历史教学应有的感染力和教育力没有体现出来。

改进建议：

（1）在了解和分析四次战争和四个条约内容的基础上，加强统领作用的问题设计，全面盘活单元内容。这样的问题可以包括：中国是如何从封建社会一步步沦为半殖民地半封建社会的？从哪些方面可以看出清政府腐败无能？导致中国在这些战争中失败的原因有哪些？

（2）进一步探索新的教学方法，突出学生对悲情史实的情感体验，增加学生情感表达的机会。这些方法可以包括视频播放、歌曲渲染、诗文诵读、剧情表演等。

三、第三次课提高

在第三次课上，课堂发生的积极变化如下：

学生对本单元的知识内容有了比较清晰和深入的理解；在历史学习的过程中，教师对学生情感的激发初见成效。

（1）教学环节环环相扣。从鸦片话题的引入，到四次战争和四大条约内容的了解与分析，再到整体的串联回顾，其间图片展示、背景铺垫、对照比较、概括总结等多种方法得到运用，学生对基本知识的了解变得充分。

（2）在学生对基本内容有了比较清楚的把握之后，教师采用具有统领全篇作用的问题展开对这段历史进行整体探讨，使得学生整体分析与理解水平得到提高，同时也尝试了愿望表达的方法开展对学生民族爱国主义和历史责任感的激发与教育。

例如，教师提问道："清政府屡战屡败的原因有哪些？"学生从各个方面找了原因，包括清政府腐败无能、当时清政府防守不严、科学技术落后、知识欠缺、经济实力不强，以及军队没有全力迎战等。随后教师因势利导地追问："如果你作为当时的一个中国人，怎么样来改变这种社会现状？"几位学生表达了自己的想法，包括团结全民族起来勇敢反抗外国侵略、推翻腐败的清政府以及发展科学技术、学习西方先进技术。

课堂教学尚存在的不足有：学生在表达感言和愿望时，教师对学生的回应不够，基本上停留于一个学生一个想法的陈述状态，并且匆匆以"看来大家都是有责任感的"一句评论作为结束，接下来便开始历史知识的作业完成与答案校对，使刚刚萌发的情感表达兴致与机会消失，与历史人文教育应有的鲜活与激情失之交臂。

三次课改进的脉络如下：

第一次课试教时，图片展示、对照比较和问题探究等多种教学方法有所尝试，但铺垫不够，分析不到位，致使整体的知识目标没有达成，激发情感被忽略。第二次课改进时，背景铺垫和视频播放等方法的引入，促进了学生对知识的理解，但主线串联不够和问题探究的开放性差，学生对知识的整体把握与理解不全面，情感激发过于机械，停留于教师现成的结论。第三次课提高时，问题探究由小到大、主线串联多次进行，学生对知识的整体把握与理解得到提高，历史学习过程中的情感激发初见成效。

四、达成的共识与结论
（一）突破机械记忆的历史课教学可以尝试的实践策略

机械记忆型的历史课教学可以从有效识记、深化理解和激发情感三个方面突破，在实际的教学实践过程中这三方面可能交叉渗透而非明显地分割开来。其中，有效识记主要在于让学生能够快捷地掌握有关时间、地点、人物和事件等基本历史信息，深化理解主要在于深究事件中存在的因果逻辑联系，激发情感则在于创造环境与氛围让学生感受历史的厚重并表现表达肩负的责任与心中的情怀。具体而言，在上述方面可以尝试的实践策略如下：

第一，有效识记：（1）图片展示。这种方法主要是把语言信息转化为图画信息，使之更加直观。例如该专题研究的三次课上，执教教师都演示了若干与主题相关的图片，很形象地再现了那段历史的风貌。（2）影视播放。这种方法主要是通过视频、音频等多种渠道让学生全面感知信息，从而获得切身体会。如执教教师在第二次课上播放的《鸦片战争》片段，就非常生动地表现了清政府风雨飘摇的境况。（3）列表比较。这种方法主要是对信息进行分类，突出了重点。如第一次课上执教教师为剖析四个条约的内容而设计的表格，让学生分别从割地、赔款、通商、影响等方面对条约内容加以对照比较。（4）文本预习。这种方法主要是让学生在问题引导下有针对性地发现问题的答案。如在第二次课上，执教教师让学生事先预习课本相关的内容，这样展开后续的学习就比较有效。（5）巧记创编。这种方法主要是对信息进行节奏和音韵方面的处理，从而使内容读起来朗朗上口，便于记忆。（6）背景铺垫。这种方法主要是补全信息，便于学生理解当前内容。如第二次上课时，执教教师就对鸦片战争爆发前的相关社会背景进行了补充，较好地让学生了解了鸦片战争出现的必然性。（7）总结概括。这种方法主要是把林林总总的信息进行提炼，使内容简化，便于突出主线、主题。如在第二次课上，执教教师尝试让学生把四次战争和四个条约串联起来进行概括解说，就取得了理清主线和突出主题的效果。

第二，深化理解：（1）问题探究。这种方法主要是聚焦视角，并深挖隐含在现象背后的原因。在该次专题研究中，执教教师设计了许多问题来展开对战争情况和条约内容的探究。（2）专题讨论。这种方法主要是让学生学会提出自己的观点，并与其他人进行思想的碰撞，从而生成更丰富的信息。如第二次课上，执教教师提出有关清政府为什么会战败的话题就引发了学生们各种各样的讨论。（3）认识评价。这种方法主要是让学生对历史事件或历史人物进行是非曲直等的判断。

第三，激发情感：（1）主题歌曲渲染。这种方法主要是利用音乐歌曲的力量来烘托主题。（2）历史剧情创编。这种方法主要是让学生通过表演活动来体验历史人物与事件。（3）诵读诗歌诗文。这种方法主要是通过有感情地朗读文本来体验其带给自己的感动。（4）表达心声感言。这种方法主要是使学生在历史学习中获得的情绪情感得到彰显与表达。如在第三次课上，执教教师设计的心愿表达活动，即"如果你作为当时的一个中国人，怎么样来改变这种社会现状？"引发了学生的情感表达。

（二）突破机械记忆的历史课教学探索形成的实践经验

根据三次课持续的改进与研讨，为了突破机械记忆的历史课教学现状，有效的实践经验可以概括为如下四个方面：

（1）以问题为引导，加深学生对历史事实的分析与理解。教师在历史教学的过程中要注意设计一些有价值的问题，促进学生进行思考，并针对出现的历史事件和历史人物进行分析，从而获得超越机械记忆层面的深入理解。在该研究中，执教教师就多次运用了问题探究的方法。

（2）对内容作拓展，丰富学生对历史事实的认识与见解。课本是历史学习的主要参考文本，但是历史教学不能把课本当作唯一的课程资源，而是应当对其进行合理的资源拓展，积极补充一些相关的内容信息，以丰富学生的认识，从而更好地促进学生形成自我见解。这在该研究的第二和第三次课上就有比较明显的体现。

（3）以联系为桥梁，促进学生对历史知识的融会与贯通。历史的教学一定要坚持普遍联系的哲学观，把当前学习到的历史事实与先前学习到的相关史实进行联系，可以作列举，也可以按一定条件排序，还可以将历史与现实教学联系，作对照和比较，而非孤立地看待一个个历史事件。

（4）视表达为学习，提升学生对历史学习的情感与责任。历史的教学同样需要让学生内化的内容进行外显，这种外显可以通过多种形式的表演实现，可以是有感情的心声抒发，也可以是一个历史还原的情景剧的角色扮演，通过各种形式让学生充分体验历史的情感和肩负的责任。

（三）突破机械记忆的历史课教学提升的途径

阶段性的课堂教学改进的实践研究，使得促使课堂教学种种问题产生的背后原因得到发现和剖析，针对一个个问题的有效解决策略经过成功尝试并取得明显的课堂教学效果，对此，可以概括出历史课教学提升的途径如下：

（1）从历史事实的记忆拓展到历史事实的迁移。历史课的教学不能停留于让学生记住一大堆史实的层次，而是要让学生活学活用，使得本来看似"死"的知识能够在一定的条件下迁移，在一定的情境中应用。前者尚处于知识的识记水平，后者提高了知识的应用水平。

（2）从历史事实的迁移提升到历史事实的评析。如果要让学生灵活自如地应用知识，教师就需要引导学生针对学到的历史事实进行深入剖析和客观评价，从而形成属于自己的见解，即所谓学生学习实际的获得。没有实质理解的应用是浅层次的。

（3）从历史事实的评析提升到情感责任的培养。对历史事实不能为评析而评析，核心是要以史为鉴，在剖析评价的过程中领悟历史发展的规律和明确肩负的时代责任，这也是历史学习的真谛。

（4）从情感责任的培养落实到自觉自愿的言行。在学生对历史经历了充分的体验而形成了积极的情感并明确了肩负的责任之后，教师还要促使学生进一步把这些情感和责任转化为实际言行，真正实现通过历史学习达到更好促进当今社会发展和服务全人类的最终目标。

专题2：促进温故知新的复习教学研究[①]

在传统的初中政治复习课教学中，主要存在如下突出的问题：

---

① 参见胡庆芳：《初中政治复习课教学创新的实践策略研究》，载《思想理论教育》2012（1）。

教师把所有的知识重新串讲一遍，混同于新授课，机械重复性较高；把一堆的试题逐一讲练一遍，等同于练习课，解题应试性较强；对既定的复习范围缺乏分析，内在关联缺失，整体系统性较差；对学生的学习实情缺乏了解，重点难点不清，目标针对性较弱。本次研究活动就是要在基于"创新课堂复习教学的实践策略"的研究过程中，不断创新，积极实践，及时总结和积累复习课教学的有效策略，并反思提炼形成基于复习课教学的理性认识。

三次课执教教师的执教内容都是人教版《历史与社会》第二单元《文明的起源》的复习课。该单元主要讲的是四大文明古国在大江大河流域出现，随着生产力的发展和社会的分工与阶级的分化而出现了人类历史上最早的国家，最后着重介绍了四大文明古国曾创造的灿烂文明。

一、第一次课试教

在第一次研究课上，课堂教学表现出的积极探索如下：

（1）教师一改传统复习课遵循教材按部就班的复习方法，情景设置了约翰在参加探寻文明起源之奥秘的夏令营活动过程中产生了四个疑惑（四大文明为何都产生于大江大河流域？为何后来生活在这些肥沃地域的普通百姓却不像他们的先辈们那样快乐？四个古国的最高统治者们如何统治他们的国家？生活在这些古国的普通百姓创造了怎样的璀璨文明？），让学生们以帮约翰一一解答的形式展开本单元的复习，形式比较新颖，同时也使得复习课的整体感增强。

（2）课堂上执教教师让学生以统治者的角色讲述他们如何实现对国家的统治，使学生体验到学习的新意。

（3）教师对课本上的知识进行了适度整合，使知识的学习体现了综合性，如对四大文明古国以填充表格的形式分别从文字、建筑与工艺、科学与技术以及宗教四个方面进行横向比较。

问题发现：

学生把更多的时间用在重复新课学习过程中学习到的内容上，基于原有课本知识碰撞的生成以及认识的提升没有得到体现。

原因诊断：

（1）教师没有通过相关的检测或学情反馈得知学生究竟对该内容单元哪些没有掌握或者哪些想要做深入的了解，基本按照教材的内容顺序对创设的情景中虚拟的人物存在的四个疑惑进行了一一复习。

（2）在一些问题的处理上，教师没有放开让学生讨论，而是直接把自己的理解呈现在课件上教给学生，学生只能机械地接受。比如，在解决有关四大文明古国为什么都是在大江大河流域出现的疑惑时，教师直接在课件上呈现出答案：因为大江大河灌溉水源充足，水利资源丰富，地势平坦，土地肥沃；气候温和，有利于农作物的培植和生长，适宜人类居住，能够满足人类生存的基本需要。这说明早期人类对自然环境的依赖性比较强。

（3）在课堂复习收尾的环节，教师以巴比伦的空中花园毁灭前后的强烈对比试图引发学生对于古代文明的思考，但是启发和引导不够，学生自始至终停留于"保护古代文明"的认识层面，不能具体展开，也不能进行深化。

改进建议：

（1）设计单元内容的综合检测题或直接征集学生对本单元内容学习过程中的疑惑，从学生的实际学情出发，展开复习过程。

（2）依据本单元的内容，设计具有挑战性和开放性的问题以提升学生的认识。如："为什么说阶级的分化促进了国家的形成，从而产生了统治阶级和被统治阶级，体现了社会的文明和进步？"

（3）在课堂结束时同样设计一个综合性比较强的问题以检测学生当堂课复习的效果。

二、第二次课改进

在第二次课上，课堂教学发生的积极变化如下：

（1）教师整堂课以一个个问题展开，学生的思考变多，机械重复课本内容的现象有效避免。例如，教师在提出问题"四大文明古国之间是否有交流？"让学生思考之后，紧接着追问："文化的传播是否只是简单的复制?"随后又提出一个新问题:"古国的文明对我们今天产生了哪些影响?"随着一步步的问题引导,使得学生也层层深入地思考下去。

(2) 作为课堂检测的作业的设计体现了灵活性和创意度,帮助学生经历了有意义的反馈过程。例如,在考查学生对印度社会等级的划分的理解时,教师设计了这样一道题:"在古印度有一户家庭,有自己的住房,在城里还开有一家棉布店直接销售自己手工制作的衣物。请问这户人家属于什么阶层?选项包括婆罗门、刹帝利、吠舍和首陀罗。"

问题发现:

学生对课本知识的盘活不够,教师对学生的学情不够了解。

原因诊断:

(1) 有些问题的设计体现了创造性,但是教师的引导不够,从而使得有效的课堂生成没有如预期出现。例如,教师就阶级的分化和国家的出现这个历史事实设计了这样的问题:"原始社会人们长幼有序,生活无忧无虑,到了奴隶社会出现了统治阶级和被统治阶级,社会变得不平等了,这体现的是社会的进步还是倒退?"学生无法正面回答,只是讲了在奴隶社会出现了更多的文明,说明社会在进步。教师也没有引导学生来辩证地看待这种现象,因为阶级的分化在造成社会分工不同的同时,也从整体上解放并促进了生产力的发展。

另外,教师在提到古巴比伦出现了《汉谟拉比法典》时,又问学生:"《汉谟拉比法典》维护的是统治阶级的利益,对被统治阶级而言不公平,如何评价它的意义?"学生只能消极地评价此部法典的出现。教师没有让学生从一个国家的管理从无法可依向依法管理的方向发展的积极意义的高度来认识这一标志性事件。

(2) 一些能够统领本单元知识内容的综合性问题没有被设计出来,以至于减弱了复习活动应有的效果。比如,四大文明古国的发展成就是该单元一个比较重要的知识内容,可以从比较等方面来设计问题以把所有相关的文明成就展现出来。

(3) 一些问题的设计旨在实现相关知识的拓展,然而教师囿于课本本身资源信息的局限,无法有效达成此类目标。比如,教师在本次课设计了这样的问题:"各文明之间是否有交流?对我们今天的生活有什么样的影响?"特别是对于前一个问题,学生仅能举佛教从印度传到中国的例子,因为课本上只简单提到了这一点。

改进建议:

(1) 优化问题设计,同时加强解题思路与方向的引导。例如,在针对四大文明古国庞杂的学习内容方面,可以设计诸如"从整体来看,奴隶社会比原始社会进步表现在哪些方面?以四大古国的文明成就为例"之类的问题。

(2) 设计活学活用的表现机会,让学生在轻松愉快的过程中完成相关知识的重组及运用。比如,让学生分别角色扮演四个文明古国的国王,让他们自己陈述在位时治理国家的举措和促进各方面发展的实际作为,实现寓学于乐。

(3) 设计相关的前测环节,明确学生对于本单元内容有疑惑的内容以便于有针对性地确立复习目标。

三、第三次课提高

在第三次研究课上,课堂教学发生的进一步积极变化如下:

(1) 教师采用多种策略调动了学习的积极性,使学生在复习的过程中表现出了快乐和兴趣。例如,在课堂一开始,教师用抢答的方式吸引学生参与两个测试题的回答;在课堂中间设计了角色扮演的活动,让学生分组准备并最后选出代表扮演中国商朝的国王、古代印度的国王、古巴比伦的国王以及古埃及的法老,各自讲述自己的治国方略和文化科技方面的发展;在课堂最后的检测环节,教师引入了周杰伦的流行歌曲《爱在西元前》的歌词并让学生填写其中与本单元密切相关的内容,表现形式多样,新颖活泼。

附1:请用所学过的知识补全周杰伦《爱在西元前》的歌词:"古巴比伦王颁布了汉谟拉比法典,刻在黑色的玄武岩,距今已经_____多年……思念像_____河般的漫延,当古文明只剩下难解的语言,传说就成了永垂不朽的诗篇，我给你的爱写在西元前，深埋在_____平原，几十个世纪后出土发现泥板上的字迹依然清晰可见。用_____文字刻下了永远那已风化千年的誓言……"

（答案：3 700，底格里斯河/幼发拉底河，美索不达米亚，楔形）

附2：扮演文明古国国王的精彩片段：

女生：我是古巴比伦的国王，是天神和地神的宠儿，我的王位来自神的授予，我的王权至高无上。我还是"巴比伦之尺"和"世界四方之王"。我创制了《汉谟拉比法典》，还创造了令世人叹为观止的世界七大奇迹之一的"空中花园"。我所统治的两河流域的人们由于通过观察月亮圆缺的变化规律，编制了太阴历，从星期天到星期六，分别是太阳神，月神……我在位40年间，使巴比伦成为了一个强盛的国家。

师：很了不起的一位女国王！

（2）教师在复习过程中很注重知识的完整性和线索整理，通过复习使学生认识到知识之间的内在联系与脉络。例如，教师在课堂的最后帮助学生勾画了本单元清晰的知识脉络，即从蒙昧时代，到文明的起源，人类进入文明的社会，进步的标志包括国家的出现、文字的发明，以及科学技术领域的发明创造，而四大文明古国就是这一时期文明社会的突出代表。

（3）教师对于复习内容的检测继续创新，呈现了多个有鲜活创意的测试题，很好地促进了学生对知识的整合与使用。例如，教师设计了一道有关发掘出的一个商朝的古墓内物品的选择题，里面不同历史时期的物品混杂，让学生甄别出不可能在商代出现的物品。另外，教师还就此延伸出了如果继续向下挖掘，有可能自上而下先后看到什么样的物品的选择题，选项包括蓝田人遗骨化石、半坡人生活遗址、夏朝时期的村落，从而非常灵活地考查了学生对这些选项出现时间的先后顺序是否已正确掌握。

改进建议：

（1）进一步认清本单元的学习目标，即认识文明在哪些地域起源及其主要原因，感受文明社会发展进步的代表及其成就表现。如果要有情感态度价值观方面的升华提高，也应该是要认识到各个历史时期创造的文明都是人类社会共同的财富，我们要保护、传承和发展，而非像本次课总结的，原始社会是人们在适应自然，文明社会是在改造自然，可以由此拓展引导学生对于当今还存在的破坏自然环境的一些现象进行反思感悟，从而认识到遵循自然规律和保护自然环境的重要性。

（2）加强复习过程中对学生的错误的指导纠正，切实落实查漏补缺。例如，在本次课让学生扮演四大古国国君陈述各自政绩的环节，就有学生把车马坑错误地认为是一种战术，并以此作为商王朝国君的功绩而加以颂扬，对此教师需要予以澄清。

四、达成的共识与结论

在基于"创新课堂复习教学的实践策略"的研究过程中，通过观察执教教师在实践探索过程中尝试的种种策略的实效，总结提炼形成了以下共识及结论：

（一）复习教学功能的正确定位：

日常的复习课教学要体现出以下四个方面的功能，方能确保通过复习的过程达成预期的学习目标：（1）知识整合。在之前新授课的过程中，教师主要是引导学生学习每一节课的知识内容，新知识基本上都是分散在学习的各个时段中。所以，在阶段的复习课堂上，教师需要把学过的一个单元的知识或者一个学期的知识整合起来，当成一个整体作为完整的一节复习课重新设计，从而使得先前零零碎碎的知识点在阶段的复习课上得到系统梳理而成为一个有机整体，正如执教教师在复习课堂上把四大文明古国的文明成就以表格的形式分门别类地进行横向比较一样。（2）认识提升。新授课主要侧重于当堂课知识内容的理解和适当的练习应用，而阶段的复习课除了帮助学生把曾经学过的知识进行有机串联成为一个系统之外，还需要在新授课初次学习的基础上使学生的认识得到升华提高，而绝不是原有认识基础之上的重复。（3）查漏补缺。复习课的一个重要功能就是帮助学生把阶段的学习过程中遗留的问题和困惑显现出来，从而在复习课这个学习的"缓冲期"破解疑惑，弥补认识的缺失，从而为后续深入的学习作好准备。(4)检查过关。复习课必须设计一定量的检测试题，以便于教师和学生清楚地认识到对于先前的学习还有哪些没有过关，从而利用复习课迎头赶上。

（二）创新复习教学的五个立足点

（1）学生学情的正确把握。没有对于学生学情的准确把握，复习课堂的学习设计就会失去明确的重点和方向，而只能回到当初新授课设计时侧重于学习内容分析的做法，难以体现复习课自身的特点和功能。这也成为本次专题研究还需要继续努力探索的方向。从严格意义上讲，教师应基于学生对新知识学习情况的形成性检测，设计出本内容范围复习的方案与目标。（2）已学知识的整合重组。先前学习新知识都是散于一节一节的新授课中，在阶段的复习课上需要把这些零散的知识串联起来，让学生看到其间的有机联系。（3）复习过程的主线贯穿。复习课同新授课一样，都需要作为一节学习的整体来设计和展开，所以先前多节课的内容在现在进行的复习课上就需要一体化的设计，需要有一个主线来贯穿以避免琐碎和零散。（4）复习过程的鲜活生成。复习既然是在阶段新授课之后的又一种形式的学习，就势必比新授课更强调新的生成的出现，否则就会停留于原来水平的重复，低效就会不可避免。所以，"温故而知新"应当是复习课的一个基准。（5）复习过程中的积极情感。传统的复习课过多地关注学生的知识与技能的变化，而忽视了复习过程中学生愉快而积极的体验，长此以往，复习课教师教得索然无味，学生也学得机械腻烦。因此，复习过程中学生积极情感的培育和激发跟新授课一样不可或缺。"寓教于乐"和"寓学于乐"应贯穿整个教学过程。

专题3：盘活教学内容的课堂实践研究[1]

在日常的初中英语课堂教学实践过程中，如何从整体上把握一

---

[1] 参见胡庆芳：《盘活课堂教学内容的实践策略研究》，载《中小学外语教学》，2012 (10)。

堂课的教学内容，进行课程的二次开发，从而把一堂课的教学内容组织成为浑然一体的整体，达到让学生能够生动活泼地学习的教学目的，一直是困扰很多教师的一个实践难题。经调研访谈发现，此类现状存在的主要原因为如下方面：教师习惯于教授教材，不善于对教学内容进行重组；教师着眼于各个环节，不善于用一条主线贯穿内容；教师关注学习结果，不善于对过程体验进行优化；教师满足于预设方案，不善于利用真实学情。

本研究小组把上述教学问题作为研究专题，深入针对该专题开展的实践探索课中进行观察诊断，并提出切实可行的改进策略进行后续课的深入优化，直至课堂教学在盘活课堂教学内容方面取得明显的实践效果，最后再进行阶段的实践总结和专题研究观点的提炼。

一、执教的内容及分析

执教教师围绕"盘活课堂教学内容"这个专题选择的执教内容是上海教育出版社出版的《牛津英语》七年级第八单元 A More Enjoyable School Life。主要内容包括三个板块：一是阅读并模仿。教材内容是教师让学生就希望看到的学校变化向低年级学生做调查的一系列对话，接下来就是让学生参照"S1：What changes would you like to see in our school? S2：I'd like to…"的形式进行两两一组的对话练习。课本提供了诸如 have a swimming pool 等十种反映变化的提示供练习时参考。二是调查并汇报。教材内容是让学生做一次现场调查，并用柱状图来表示调查结果，最后进行口头汇报。三是听学并评。课本提供了一段学生针对不同建议进行评论的对话，并让学生参照"S1：What changes would you like to see in our school? S2：I'd like to… S3：It would be… to…"的形式进行话题的对话练习。课本提供了诸如 possible 等六个表示评价的形容词。三个板块内容的编排体现了学用结合、循序渐进、听说读写融会贯通的思想。

纵观整个单元内容，可以确定这样的教学目标：（1）帮助学生学会怎样做调查（how to conduct a survey）；（2）帮助学生学会怎样汇报调查的结果（how to give a report）；（3）帮助学生学会针对调查得到的反馈信息进行评价（how to make a comment on survey）；（4）让学生熟练运用"I'd like to do something"的句型。

　　通过分析教材内容及目标，同时为了更好地引导研究小组的各位教师围绕专题进行有针对性的观课，研究小组确立了下列五个观察思考的问题：（1）教师为本节课的教学设计了几个教学环节？各用时大致多久？请思考这样的环节设置及其时间分配是否合理。（2）针对本节课教师设计的教学环节，请问是否能够寻找到一条比较清晰的、各个教学环节相互关联的主线？如果能，请描述出来。（3）教师除了运用课本上的教学内容之外，还新增了哪些教学内容？这些教学内容对于学生的学习起到了怎样的促进作用？（4）教师在教学过程中有没有针对学生学习的实情对教学内容进行灵活且有针对性的安排从而引发课堂积极精彩的学习过程？（5）除了本节课上教师组织的教学内容以及确立的主线之外，还可以组织怎样的内容？确立怎样的主线会更好？

二、研究的过程与发现

（一）第一次课试教

　　执教教师设计了由"What do you usually do at school"引发生成性内容的导入环节，对 A More Enjoyable School Life 话题单元的学习起到了铺垫作用。另外，在让学生表达希望看到的学校变化时，教师还增加了说明理由的要求，促使学生比较完整地表达自己的想法。

　　发现问题如下：整堂课教学内容中心不够突出，拘泥于各板块或环节的情况比较明显，学生课堂上做调查、作汇报等环节中没有体现出活学活用。

　　原因诊断：

　　（1）在课堂导入的环节，教师以问题"What do you usually do at school?"为引导，用十张反映学生在校活动的照片作为辅助和提示进行问答和对话，由于照片本身的表现力等问题，没有像设想中的让学生随口说出在学校经常做的事情，反而在一定程度上束缚和制约了学生自由鲜活的表达，变成了猜测照片内容的活动。该环节用时达 14 分钟，话题导入的铺垫过多，有些本末倒置。

（2）针对 A More Enjoyable School Life 话题的调查没有真正放开，比较模式化地停留于简单重复课本内容的层面。比如，教师在出示调查问题"What changes would you like to see in our school?"时附带了一张游泳池的照片，比较明显地是希望学生回答"I'd like to have a swimming pool"，尽管相比课本上的句型而言增加了说明原因的部分，但是教师对于原因是事先预设好的，即"It's too hot to run and jump in P. E. lesson in summer"，没有给学生多少生成的空间。

（3）纵观整个教学环节，没有一个清晰的主线贯穿其中，课堂的教学显得统整不够。例如，第一个环节主要是让学生讲日常的学校生活，第二个环节是引导学生完成 A More Enjoyable School Life 的对话练习，第三个环节是让学生朗读 A More Enjoyable School Life 话题的课文，第四个环节是让学生写一份 A More Enjoyable School Life 主题的调查报告。环节之间的过渡没有清晰的交代，学生的学习显得被动。

改进建议：

（1）整堂课的教学可以以几个环环相扣的问题展开。如第一个问题："How do you think of your school life?" 第二个问题："Why do you think so?" 第三个问题："What changes would you like to see if you want our school life more enjoyable?"

（2）创设情景让学生积极、真实地投入到专题 A More Enjoyable School Life 调查的英语学习活动之中，扩大真实鲜活的课堂生成。

（3）对于学生的专题调查提出相对完整的质量要求，即从调查用语的规范，到调查结果的图表统计与直观呈现，最后进行专题调查的综合汇报。

（二）第二次课改进

在第二次课上，课堂教学表现的积极变化如下：

（1）课堂教学变得紧凑有序。首先，执教教师让学生快速浏览了九张反映学生在校生活的照片，随即提出一个问题引导学生思考："What are these pictures about?"学生比较容易地就说出了 school life 的答案，用时 3 分钟，课堂导入主题简洁快捷。教师在导入主题之后，随即提出两个开放性的问题引导学生基于主题的讨论，即"What do you think of your school life? Why do you think so?"接下来教师很自然地以"让我们一起看看在另一个班上调查的情况"的建议顺利地切入到课本内容的学习，因为课本第一个板块的内容就是 Mr. Hu 让班上学生调查有关低年级同学对于学校变化的建议。在朗读和熟悉课本内容的基础上，教师随即进行内容拓展，让学生结合本校的情况提出希望看到的变化。最后一个环节教师开始综合收尾，即让学生完整地进行一次基于 A More Enjoyable School Life 话题的调查和汇报。

（2）课堂上学生的生成变得鲜活和丰富。

例如，在让学生谈论学校生活的感受时，课堂精彩生成的片段如下：

　　T：What do you think of your school life? Why do you think so?

　　S1：My school life is very busy because I always have a lot of homework and lessons to do.

　　S2：My school life is uninteresting because we have no computer lessons.

　　S3：My school life is awful because the lessons we are learning are not interesting.

　　S4：My school life is interesting because I like to study with so many good classmates.

　　S5：My school life is uncomfortable because there is no air-conditioner in our classroom.

又如，在学生就 A More Enjoyable School Life 进行调查并且讲出不同于课本列举到的那些方面时，精彩生成片段如下：

T: If you want to have a more enjoyable school life, what other changes would you like to see than those listed in the textbook?

S1: I'd like to see our school computers are changed into new ones because they are old and slow.

S2: I'd like to leave school 20 minutes earlier because it takes me a long time to get home.

S3: I'd like to see a larger garden in our school because it is nice for us to take a walk in when free.

S4: I'd like to have a bigger and cleaner swimming pool because we often have a hard time in P. E. lesson in summer.

S5: I'd like to enjoy a delicious lunch and a large canteen in our school because it is always jammed at lunch time.

问题发现：

(1) 整堂课教学内容得到了统整，但是最后的做调查和汇报环节没有高质量地体现知识的整合和能力的提升，学生基本上在重复之前练习到的句子，缺乏新的创造与生成，尚属较低水平的整合。

(2) 学生的课堂学习体现了环环相扣的特点，但是课堂上分配给学生的学习任务没有进行进一步细致的分层处理，因此对不同层次的学生针对性及适应性不够。

改进建议：

(1) 在以小组为单位展开专题调查时，不仅要让学生获取到调查的结果，同时还应要求学生针对调查的结果进行统计和图表呈现，并据此进行简要的汇报和评述。

(2) 最后的调查汇报环节不应局限于让学生书面写一份调查报告，还可以将任务分组设计，即一般水平的要求是综合之前所学，完整撰写一份调查报告，较高层次的任务是针对一个新的任务让学生经历调查、统计和汇报的全过程。

(三) 第三次课提高

课堂教学表现的积极变化如下：

（1）教师在环节的过渡上有上佳表现，使学生在课堂的学习体现出清晰的演进脉络。

例如，针对学生对"What do you think of your school life?"和"Why do you think so?"两个问题的回答，为了引出 A More Enjoyable School Life 的话题，教师综合了学生前面提到的各种有待看到的变化，一一以条件复合句的形式假设这些愿望都能够实现，然后追问学生"What will our school life be?"学生由此生成了一系列新的句子："If we are not so busy, our school life will be wonderful"、"If we don't have so many lessons and work to do, our school life will be better"、"If we don't have to take exams from time to time, our school life will be more valuable"。在此基础上，教师又以一个条件复合句的形式让所有这些条件都满足，然后让学生想象这是一种怎样的学校生活。一切都水到渠成之后，教师引出本单元包含的一个关键形容词的话题，即 A More Enjoyable School Life。

（2）最后环节调查任务的分层设计促进了学生课堂学习内容的盘活，从而使课堂的学习更好地体现出了层次的递进。

比如，在最后一个教学环节，教师设计了两个动手调查的任务，一个是给校长写一封电子邮件表达 what changes you'd like to see in your school for a more enjoyable school life，并特别强调尽量反映一些不同于课本所列举的方面；另一个是调查一下同学对英语课堂教学的感受及建议并汇总成一个报告给本班的英语教师。

上述两个调查任务都引发了课堂精彩的生成。

课堂片段1：

S1：I'd like to see an indoor playground because it's not convenient for us to have P. E. lessons on hot or rainy days.

S2：I'd like to see every student has an e-book because all the books in our schoolbags are very heavy.

S3：I'd like to see more shops in our school because it is convenient for us to buy the things we need.

S4：I'd like to see a cinema in our school because it will be relaxing to see a film after too much school work.

S5：I'd like to see more school activities are organized because our school life seems much boring.

课堂片段2：

S1：I'd like to see our English teacher teachs us more interesting English songs because they will cheer us up.

S2：I'd like to see our English teacher organizes more English games because they will make us feel happy and excited.

S3：I'd like to see our English teacher supplys us with some funny stories because not all the text materials are attractive and interesting.

S4：I'd like to see our English teacher uses more cartoons in class because they will make the English lesson wonderful.

S5：I'd like to see a foreign teach gives us a lesson every month because we will learn more than what the Chinese teacher tells us.

三、达成的共识与结论

盘活课堂教学内容的实践就是要着重解决好两个方面的内容：第一，在教学设计环节，要通盘考虑教学内容，力求使课堂教学的内容浑然一体；第二，在课堂教学环节，要活学活用课堂所学，力求使学生的学习状态生动活泼。

通过本次持续的实践改进研究，为了教学内容的组织和学生课堂学习的引导能够体现上述效果，以下方面的努力不可或缺：

（1）以单元话题为中心有形地架构课堂内容。在教师课堂教学内容的组织上要突出单元话题这一中心，一切围绕这个中心话题来组织材料，只有这样才能保证整堂课学习的内容浑然一体。本次实践研究的第二次课之所以显得紧凑和中心突出，就在于教师很好地围绕 A More Enjoyable School Life 这个中心话题来组织材料：首先用图片引出 school life 的话题，然后让学生谈论 school life 的话题，接下来让学生学习有关 A More Enjoyable School Life 调查的课本内容,随即安排学生针对自己本校的实际畅谈为了 A More Enjoyable School Life 需要做哪些改变,最后让学生完成一个包括全部调查内容的汇报。由此引导学生进行环环相扣地学习,课堂整体感明显增强。

(2) 以相关问题为线索有机展开学习活动。相关教学内容的组织是基础,要使教学内容真正发挥出应有的作用,还有待于设计具有统领性的问题有力地串联起各个相关板块的内容,使过渡与转承变得自然流畅。如,本次实践研究的第二次课和第三次课都基本上采用三个最关键的问题作为串联的线索,即 "What do you think of your school life? Why do you think so? What changes would you like to see for a more enjoyable school life?" 实践证明,这些问题有效地推动了学生课堂学习的循序渐进。

(3) 以情景创设为手段有力促进快乐体验。为了盘活课堂教学内容,不仅需要各学习内容彼此关联并由一系列问题贯穿,同时需要创设密切联系学生生活和经验的情景。只有这样,学生在情景中的学习或者角色扮演式的学习才会生动活泼,愉快的体验才会自然发生。

(4) 以以学定教为宗旨有效突出学习重点。盘活课堂教学内容,关键在于课堂的一切实践是否体现了以学定教,是否紧密联系了学生的现实基础、生活体验。同时,还要重点突出教学目标中相对学生现状而言更关键和更需注重的部分。比如,在本次实践研究课中三次课中,执教教师比较一致地以引导学生学会做调查以及联系学生的在校生活现状与感受来展开课堂的学习,偏离此宗旨之外的其他一切努力都不可能使课堂教学的效果得到整体提升。

专题 4:基于目标的学习活动改进研究[1]

从基于课时目标优化课堂教学活动着眼,教师日常的课堂教学

---

[1] 参见胡庆芳:《基于课时目标的课堂教学活动改进研究》,载《中小学外语教学》2013 (4)。

实践往往会出现以下方面的问题和偏差：按照教材的编排设计活动，教教材的痕迹被强化；按照统一的要求设计活动，学生间的差异被忽视；按照预设的方案展开活动，经反馈的调整被淡化；按照目标的要求分设活动，统领性的盘活被弱化。本研究旨在进行基于课时目标进行教学活动优化的实践，并从中总结出基于课时目标设计和开展教学活动的方法及经验，以期更好地指导课堂教学活动促进课时目标的达成。

本次研究选择的是凤凰出版传媒集团译林出版社出版的《牛津初中英语》九年级上册第三单元 A 和 B 的两个内容板块。板块 A 主要谈论的是一位名叫 Sue Wang 的九年级学生学习成绩优秀，但不喜欢体育运动，沟通交友能力也比较欠缺，常常遭到同学们的嘲笑，因此去求助学校指导老师 Sigmund Friend，并得到了中肯的建议。板块 B 则是一段会话材料，讲的是 Millie 因先后接连发送了三封电子邮件都没有得到美国笔友的回复而感到着急，因此向朋友 Amy 倾诉，并得到了热情的开导和建议。

本节课的教学目标有三个：一是让学生学习如何对已知信息进行重新组织。板块 A 中就有一个留有空白的信息栏，要求学生根据课本上提供的一段有关 Sue Wang 的短文介绍（A1）以及一段有关 Sue Wang 和 Sigmund Friend 的对话录音材料（A2）来获取正确信息，并据此完成该部分另一段由 Sigmund Friend 所做的但留有空白需要补充填写的档案材料（A3）；二是让学生掌握正确的方法，通过听力获得所需要的新信息；三是在学习上述材料以及后续的 Millie 和 Amy 对话的基础上，要求学生学会表达自己面临的问题、积极寻求别人的帮助，以及学习针对别人遇到的问题热心地给出有益建议的良好品质。

一、第一次课试教

在第一次课上，课堂教学体现的亮点如下：

（1）教师围绕本单元让学生学会表达困难和提出建议的课时目标，组织了三次比较集中的小组会话实践活动，并在这一过程中引发了比较有意义的课堂生成。

如在让学生自由谈论所遇到的问题环节，学生列举出了现实生活中许多实实在在的问题：

  I don't have enough time to do exercise in the open air, so I feel tired.

  I have less communication with my family members for heavy school work, so I'm helpless.

  My school work worries me a lot, so I'm not very happy.

  I cannot achieve a balance between play and study, so I often feel puzzled.

  I cannot get well along with my classmates, so I'm always lonely.

  I don't have enough time for my hobbies, so I think my life is boring.

又如，在最后让学生两两组对进行问题陈述和给予建议帮助的会话环节，课堂上也生成了许多精彩内容。

第一对的一位同学表达的问题是"I'm not good at math"，另一位同学给出的建议是"You can ask our math teacher for help"。第二对的一位同学表达的问题是"I didn't get a high mark in last test"，另一位同学给出的建议是"You cannot give up and try to do well next time"。第三对的一位同学表达的问题是"I don't have a close friend to talk to"，另一位同学给出的建议是"Try to be friendly to anyone and they'll be friendly to you"。第四对一位同学的问题是"I lost a story book yesterday"，另一位同学给出的建议是"You cannot think about it all the time and buy another one"。

（2）在完成了有关 Sue Wang 求助 Sigmund Friend 的听力材料的学习之后，教师随即让学生展开给 Sue Wang 提出自己觉得比较好的建议的会话实践活动，紧扣课时目标且过渡自然，该环节的教学活动也有鲜活的生成出现。

例如，学生针对 Sue Wang 遇到的问题，给出了如下建议：

Learn from others and take exercises more and more.

Smile to other people and other people will give their smiles too.

Don't be afraid of sport and practice any more.

Don't hurt anybody and try to help anybody in need, and you will make a lot of friends.

问题发现：

(1) 在课堂的导入环节，教师设计的内容是让学生自由谈论现实生活中自己遇到的问题。在学习了课本中的 A 和 B 两个板块内容之后，教师又设计了让学生两两组队的会话实践，即一个同学先说明自己的问题，另一个同学再给出建议。就教学任务本身而言，这些设计都与课时目标密切相关，但前后出现交叉和雷同，这在课堂实践过程中会导致学生机械重复的学习。

(2) 板块 A 中的第三个教学活动（A3），其内容是就前面 A1 的文字材料和 A2 的听力材料综合整理成的一份档案。可以看出，这项教学任务与之前的两项教学任务有明显的关联性和连贯性，而教师在让学生完成 A3 的学习之前，发散地让学生在 Sigmund Sue 的建议之外另外给出自己的建议，转移了学生对文本的注意力，以至于接下来在组织学生完成档案填写的教学活动时显得衔接不顺畅，影响了课时目标及时顺利的达成。

(3) 针对板块 B 中交流遭遇的问题和给予帮助和建议的对话材料，教师设计了相关的三个具体问题，即 "Does Amy agree that Millie's pen friend doesn't want to write to her any more? Does Amy think Millie's pen friend is too busy to write E-mails? What advice does Amy give Millie?" 这些问题对信息的整合性不够，基本形同于一般的阅读理解，培养学生语言信息加工能力的课时目标没有得到体现。

改进方向：

(1) 加强整合课堂教学活动的整合，集中突出课时目标的达成。如在学习了板块 A 的三个内容之后，可以设计一个比较综合性的学习活动，让学生尝试用自己的语言完整地把读到的和听到的信息重新叙述出来，从而重点突出对学生语言信息加工和重组能力的训练。

（2）突出课堂教学活动设计的灵活性，针对现有教学内容进行不同的变换组合，从各个角度指向课时目标的达成。如针对板块 B 的对话内容，可以尝试让学生作为旁观者用自己的话把一方的问题和另一方基于问题提出的建议进行综合叙述，这样可以进一步突出对学生信息综合运用能力的培养。

（3）处理好文本基本内容的学习和学生自由言论的表达之间的关系，让课堂上组织的一系列教学活动呈现出清晰的、递进的目标层次，从而保证学生整堂课的学习活而不乱、有序展开。

二、第二次课改进

在第二次课上，课堂教学体现的改进如下：

（1）教师在组织学生听听力材料之前，增设了一些准备性的学习任务，这样有助于促进学生在听音过程中捕捉信息的主动性和准确性，有效地提升了学生的信息获取能力。

如教师在正式播放板块 A 的听力材料之前，告知学生在听之前，可以尝试根据已知信息和上下文语境预测所缺内容，并指导学生在听较长的对话或短文时，可以尝试速记，如记录关键信息或单词首字母。同样，在听板块 B 的内容之前，教师事先以"What is Millie's problem?"和"What advice does Amy give Millie?"两个问题引起学生的集中注意，然后再进行听力活动。

（2）教师加强了课堂教学活动的整合以及灵活呈现，对促进课时目标的达成效果明显。如在课堂的最后，教师把板块 B 对会话文本进行了拓展，即增设了四个虚拟的同桌同学的问题，并把上述四个虚拟人物中的任何一位假设是文本中提到的 Millie 的美国笔友，让其在回复给 Millie 的电子邮件中解释迟复邮件是因为自己遇到了上述问题，需要 Millie 的帮助。这样的任务设计紧密联系了文本内容，非常自然地要求学生把口头表达的内容转化成书面文字，形式新颖，任务鲜活，有助于促进学生有意义的学习。

附录教师虚拟的四位同桌同学的问题如下：

Simon is getting fatter, so he worries about his weight.

David doesn't get high marks in math exams, so he looks unhappy.

Kitty always feel lonely, and she has no close friends.

Daniel doesn't have much time for his hobbies.

部分学生的当堂习作表现出了较好的水平。示例1：

Dear Millie,

Thank you for your letter, and I'm so sorry that I didn't reply to your E-mails, because I have been very busy these days. I find I am getting fat these days. I don't know what I should do and how to deal with my worries about weight. I hope you can help me and offer me some good suggestions in next mail. Thanks a lot.

Best wishes,

Simmon

示例2：

Dear Millie,

I'm sorry, for I didn't reply to your E-mail in time, because I have a big problem. Now I'm a Grade 9 student and have a lot of homework to do everyday. I have no choice but to do so. I have no time for my hobbies. I feel very tired and sometimes I don't think it is helpful for me. Can you give me some advice? Should I give up my hobbies? I hope you can give me some valuable suggestions. Thanks a lot.

David

问题发现：

(1) 基于课时目标组织的一切课堂教学活动都应当使学生经历

一段有意义的学习旅程，对此本次课的实践存在偏差。

如在课的一开始，教师组织的是让学生就自己的问题进行自由交流的学习活动，学生课堂上的生成明显不足，教师随即把预设的一些学生可能出现的问题展示在课件上，并让学生齐声朗读。这在事实上替代了学生真实的问题发现，偏离了组织学生进行真情实感交流的目的。

该环节用时3分钟，只有两个学生表达了自己的问题。一个学生说"I have too much homework to do"，还有一个学生说"I don't have enough time for my hobbies"。

附录教师课件上预设的问题如下：Getting too many tests and exams/Not doing enough exercise/Being too noisy at home/Having no communication with family members/Having no close friends/Not having enough time to do my homework。

（2）表达遭遇的问题和给予别人帮助与建议的习惯及能力的养成，应贯穿于基于真情实感的课堂教学活动之中，否则就变成了简单机械的句型操练，课时目标不可能顺利达成。

如本次课倒数第二个学习活动是就首先设计好的四个虚拟的同学遇到的四个问题，组织学生两两组对进行问题表述和方法建议的会话实践，这在事实上束缚了学生表达的自由，因为扮演提出问题的学生基本上只是完全机械地重复既定的问题。

（3）课时目标的达成需要课堂上各项教学活动将各自的作用予以充分发挥，任何不到位都直接影响课时目标达成的效果。

如课堂最后一个学习活动，即让学生以Millie美国笔友的名义给Millie回复电子邮件的书面表达任务，没有留出时间让学生把完成的邮件内容向全班分享，减弱了该学习活动本身应有的作用。

改进建议：

（1）加强课堂教学活动的分层设计。如在听力材料部分，针对基础比较差的同学，可以尝试将课本中根据录音填空的部分进一步细化，采用虚线提示，一段虚线代表一个单词，这样可以帮助学生确定最终需要用多少个单词来完成空白。在播放录音时可以播放一次完成一次填写内容的检查，并要求没有填写完全的学生在后续一次的听音过程中集中关注尚缺的信息；对于基础比较好的同学，教师可以将任务要求拔高，不仅要求其通过听录音来完成语篇的相关填空，还可以要求针对听到的内容，整理成自己的话复述。

（2）加强课堂教学活动的趣味设计。如在组织学生组队进行陈述问题和给出建议的会话活动时，可以随机抽调学生走到班级前面进行情景会话，即一个学生表述自己真实的问题困惑，另一个学生现场给出自己的解决办法，被叫到的两位学生事先并没有进行配对的演练，从而增强了会话表达的情景性。同时，提出问题和给出建议的两个同学还可以角色转换进行进一步的会话交流，从而尽量避免任何一方有可能的机械重复。

（3）加强课堂教学活动的精致设计。如对于要求学生回复电子邮件进行书面表达的这类任务，已经因形式新颖和贴近学生生活而激发了学生学习的兴趣，还可以进一步以汉语的形式列出笔友可能遇到的两三个突出问题，让学生针对这样的问题提出有效建议，从而使学生在课堂上的学习活动更具综合性和挑战性。

三、第三次课提高

在第三次课上，课堂教学的改进如下：

（1）铺垫性的课堂教学活动产生了明显的学习效果。如教师在课的一开始便引入了有关全国青少年问题的新闻报道的视频，凸显了当今社会青少年存在的诸多问题，如焦虑、压抑、情绪低落等心理健康问题，以及早恋、吸毒等社会问题，吸引了学生的注意力，有效地点出了本单元需要学习关注的话题。

另外，在组织学生进行相关的学习活动之前，教师积极融入了预设活动与学生一起互动学习，激发了学生学习的兴趣，促进了学生的参与。

如在组织学生表达自身遇到的种种问题之前，教师先进行了亲身的表达示范，比较好地营造了话题交流的氛围，先后有十位学生说出了自己的问题，引发了课堂真实的生成。教学片段如下：

T：These days I'm very nervous because I have to give an open class in our school. So I'm very busy, and I don't have enough time for rest. What are your problems? Share with me.

S1：I'm too short, and I feel sad.

S2：I'm very busy everyday and I have no time to play basketball.

S3：I have too much homework to do and I have not enough time for sleep.

S4：I'm not as handsome as my deskmate and I don't feel very good.

（2）支持性的课堂教学活动发挥了应有的功效。如除了和第一、二次的课老师一样针对听力录音材料的方法进行指导之外，本次课教师还针对引入的新闻报道内容中出现的生词 anxiety 和 depression 进行了读音指导，对单元内容中出现的 reply 进行了用法指导，即与 to 连用接名词，还告诉学生 be proud 与 of 连用接名词，以及对生词 bookworm 进行了意义解释。

（3）整合性的课堂教学活动彰显出课堂学习效果。如教师在引导学生利用课本上 A2 的语音材料的内容完成了 A1 分栏内容的填写之后，随即组织学生用完整的语言进行叙述，其中针对表格中的一栏信息"First problem：not good at sport-cannot run fast and hates swimming"，有学生就进行了比较精彩的语言组织与转换，即"Sue Wang's first problem is that she is not good at sport, for example, she cannot run fast and hate swimming"。

问题发现：

（1）围绕课时目标设计的课堂教学活动都应当在有限的时间范围内做好分配和有效实施。但是，在本次课上，教师在正式接触课本内容单元之前，组织学生观看有关全国青少年问题报道视频并组织学生围绕自己遇到的问题进行互动表达，在后一过程中包括教师在内共有 11 人次表达了自己遇到的问题，用时达 11 分钟，直接影响了课堂结尾活动的完成。教师增设了一封一名学生诉说自己在学习和玩乐之间难以找到平衡因此感到苦恼的信件,并让学生阅读信件全文后组织讨论形成给这位同学的建议。但因为之前用时过多最后没有来得及把学生有关建议的书面表达习作在全班进行分享,影响了本学习活动成效的扩大。

(2)围绕课时目标设计的一系列的课堂教学活动应当彼此联系、环环相扣。但是,本次课上在学习了单元 A、B 两板块的内容之后,本应以组织学生充分暴露自己的问题困惑并广泛寻求帮助建议为中心进行互动交流活动,从而实现对单元文本学习基础之上的活学活用,但因课堂开始部分已经组织学生就自己遇到的问题进行过充分交流,所以在课堂的最后环节,教师以自己遇到的问题和最后增加的信件中提到的一位同学遇到的问题让学生提建议,在客观上割裂了学生就自身问题进行充分表达以及回应方有针对性地提出建议、帮助之间的有机联系,同时也降低了板块 B 情景会话内容的示范作用。

改进建议:

(1)进一步加强设计综合性的学习任务,促使学生课堂学习的综合提升。比如,在课堂的最后可以设计一个自由表达环节,让学生说说自己本节课学习之后的感受,或者自己的问题今后如何改进等。

(2)紧扣课本内容探索并构想课堂教学活动的合理延伸。如在第一次课上,教师在学生学习板块 A 之后设计了学生对此提出自己建议的会话任务很好地丰富了原有的语篇信息。同样的,在第二次课上,教师在板块 B 的学习之后增设了美国笔友给 Millie 邮件的回复,也促进了原有语篇内容的完整性。教师还可以针对板块 B 的语音会话内容,设计让学生在听懂之后以旁观者身份进行转述的学习任务,从而实现对语篇信息的二次加工。

三次课连续改进的脉络如下:

第一次课基本上紧扣本单元组织语言信息和进行交流困惑与给出帮助建议的目标进行了一系列学习活动的设计与实施,引发了课堂上一些精彩的生成,但活动的层次性和综合性欠缺,影响了课时目标的有效达成;第二次课增加了学习方法的指导,增强了课堂教学活动的创意设计,但不够精致化,同时缺乏及时的查漏补缺,课时目标达成受限；第三次课的课堂教学活动得到进一步整合，针对学生的学情加强了学法指导，但整堂课课堂教学活动的有机联系有待进一步加强，学生积极的学习状态还有待进一步激发，距离课时目标的理想达成仍存在距离。

四、达成的共识与结论

通过基于专题的连续三次的优化实践与探索，可以得出以下方面的共识与结论：

（1）活动有序，让所有活动都循序渐进。任何一堂课都是围绕既定的目标展开一系列的学习活动，而目标引领下的课堂教学活动是一个有机的整体，彼此之间不仅要紧密关联，还要体现出层次的递进，以此确保学生课堂上循序渐进地学习。正如在本专题研究过程中的第二次课上，教师就尝试过让学生在 Sigmund Friend 就 Sue Wang 遇到的问题给出建议的基础上，将要求学生进一步提出自己的建议这一环节调整到了板块 A 整体学习之后来进行，这样比较好地兼顾了基础信息获取的完整性和基于已有信息灵活创造的实践性。

（2）任务分层，让所有学生都能体验到学习的成功。任何一套课堂教学活动的设计方案都会由于班上学生学业基础、学习能力等诸多方面的差异而遭遇实施上的困难，所以教师在基于教学目标设计学习活动时，需要考虑活动任务本身体现的不同的层次要求，便于让所有的学生参与其中并体验到学习的成就感。如前所述，在本专题研究的第二次课中对于板块 A 的听力内容完成表格的学习活动中，教师提出针对基础比较差的同学，将原表格中的统一实线改用虚线来提示，一段虚线代表代表一个单词，以此帮助这类学生完成表格所需的内容。而对于基础比较好的同学，还可以将任务要求拔高，不仅让其通过听录音来完成语篇的相关填空，还可以要求他们把听到的内容整理成自己的话来复述。

（3）趣味吸引，让所有学生都能享受到学习的快乐。围绕课时目标设计课堂教学活动时，不仅要关注上述活动之间的有机联系，还要突出活动本身的趣味性和创意度。在本专题的探索实践过程中，教师在此方面的每一次尝试都收获了明显的课堂学习效果。如前所述，第一次课上教师设计的让学生在 Sigmund Friend 给 Sue Wang 提出的建议基础上进一步提出自己的建议，以及第二次课的最后让学生以 Millie 美国笔友的身份给 Millie 回复电子邮件的内容等学习活动的设计，都体现出了一定程度的趣味性和超越教材本身的活动创意设计水平，激发了学生学习的兴趣，从而演绎出了一段有意义的学习旅程。

（4）个别补偿，让弱势学生也能接受到学法指导。课堂教学活动优化的最终目的是让每一位学生都能够通过课堂上教师组织的活动进行有效的学习并整体达成课时目标，因此对学习困难学生的学法指导就变得不可或缺。这可以从本次专题探索的几次课实践得到佐证，如第二次课上，执教教师就事先对听力相对比较薄弱的学生增设了一些增进听力理解的学法指导，如猜测、速记以及事先给出需要关注的问题等；在第三次课上，教师更是增加了单词读音、短语用法等相关方面的指导，使得基础比较一般的学生也能够经历扎实的学习过程。

（5）统领整合，让课堂所学都能经历整体的盘活。学生在课堂上经历了林林总总的学习之后，需要有一个整体的总结概括和提升，以突出体现对课时目标的综合达成，所以教师需要设计一个统领性的问题来盘活课堂上学生的学习所得。如针对专题研究所选择的内容单元，教师可以在课堂的最后尝试设计一个自由表达的环节，让学生说出自己当堂课学习之后的感受；或者就自己遇到的问题，结合别人的建议确定自己今后怎么改变现状。这样就可以比较好地体现课堂所学的综合性，同时又可以让学生在学习活动过程中培养沟通交流的意识和乐于助人的情怀，从而更全面地实现课时目标。

专题5：促进三维目标整合的课堂实践研究[①]

新课程明确规定了课堂教学的三维目标，即知识与技能，过程

---

① 参见胡庆芳：《促进三维目标整合的课堂实践研究》，载《中小学外语教学》，2009（10）。

与方法，情感、态度和价值观，这在英语新课程中具体表述为语言知识和语言技能、学习策略、文化意识和情感态度。在中小学英语课堂教学的实践过程中，有关三维教学目标的整合和整体达成一致是一个比较普遍的难题。常见的情形是：突出知识与技能目标有余，其他两维目标形同虚设；割裂教学的三维目标，为各维目标单独设计教学活动，以至于在新课程的课堂教学过程中围绕三维目标频繁出现顾此失彼和整体达成欠佳的问题。

本研究小组以促进三维目标的整合为目的，尝试安排同一位教师针对同一教学内容，在不同的班级进行连续三个上午的教学，深入教学场景进行课堂观察，全面深入地诊断影响三维目标整体实现的教学原因，积极寻找促进三维目标整体实现的策略方法。经过三次的实践探索与行动研究，最后提炼形成了有关促进三维目标整合的理性认识与结论。

一、第一次课试教

执教教师选择执教的内容是《牛津英语》八年级下册第六单元 Water's Journey。本单元的主要内容是水蒸发成水蒸气，水蒸气升至空中和尘埃结合形成云，云中水蒸气饱和到一定程度形成降雨，雨水落地汇入江河，江河汇聚到大海，地表和海面上的水通过蒸发又形成水汽这样一个循环往复的过程。本单元要求学生了解水循环的过程即水的旅程，并养成节约用水的意识和好习惯。

执教教师为本次课设计的两个知识目标是让学生知道水的重要性，以及熟悉水循环的过程；设计的两项能力目标是培养学生读、讲和听的能力，以及观察、反应和创造的能力；设计的两项情感目标是让学生认识到节约用水的重要性，并鼓励学生小组合作。

（一）课堂上表现出的亮点

本次课上，执教教师很好地运用多媒体呈现了三段与水紧密相关的视频材料：第一段是关于水各种各样的用途，如用水灭火、用水灌溉、饮用和洗涤；第二段是关于水从地面蒸发上天又成雨落地最后经处理从水管流进千家万户的过程，即水旅行的过程；第三段是关于水匮乏的各种情形,如河流干涸、土地开裂、动植物枯萎等。这些音画并茂的课程材料直观地呈现了有关水的知识,引起了学生的关注,激发了学生学习的兴趣,对知识和情感的实现起到较好的铺垫作用。

在让学生听课文录音之后,教师还采用了关键词提示的方式,让学生尝试对文本内容进行复述,这些活动的设计对知识目标的达成起到了较好的促进作用。

(二)课堂上暴露出的问题

(1)知识与技能目标的实现更多地停留在简单记忆水平,学生建构自己的理解较少。在本次阅读课上,教师没有安排学生进行文本朗读,语篇感知主要以学生的听取代学生的读,以教师的读取代学生的读,同时以让学生对照课本寻找教师预设的一些问题的正确答案代表学生对语篇的全部理解,学习活动的重复性和操练痕迹比较浓。

例如,当教师把课本内容读完一遍之后,出示了十个与水的旅行有关的句子,让学生对照课本进行正误判断。其中第一个句子是"I was floating uncomfortably in a cloud 24 days ago",而课本上正确的句子是"I was floating comfortably in a cloud 24 days ago",所以本题为错误。其余九题都是类似水平。

(2)教学的过程与方法目标缺失,教师针对学生如何认知目标词汇以及如何理解语篇等学习策略的帮助与支持不够。

例如,当学生念不出 drop 一词时,教师只是简单地直接告诉读音,并没有找出学生发音困难的原因。另外,在教师就水的旅行环节设计的填空习题中,学生一时填不出其中一个环节应为 sewage plant 的词组,教师同样是直接告诉学生答案,而没有予以解释或提示,失去了对学生进行很好的学法指导的机会。

(3)在课堂上本可以让学生整体把握语篇内容的环节,教师都是越俎代庖,致使学生的语言技能没有得到充分锻炼。

例如,教师在读整个语篇并简单询问学生一些有关水旅行到的地点的问题的同时,把事先设计好的水的旅行路线图中有关地点的空白处也一一补充完整，而不是让学生通过阅读语篇并完成这张路线图，这样就失去了一次让学生理清整个语篇线索和行文结构的机会。

（4）在培养学生节约用水和珍惜水资源等情感的目标实施环节，铺垫激发不够，以至于学生因心灵震撼所以有感而发的状态没有出现。

例如，在课堂教学的最后环节，教师呈现了一段有关水匮乏的图片材料，然后让学生以小组交流的形式讨论如何节约用水，但教师没有进行必要的介绍铺垫和引导解说，以至于随后有关节约用水的讨论任务没有引起学生参与的热情，讨论生成的信息也同样匮乏，致使情感目标没有得到有效落实。

（三）为了改进提出的建议

（1）留出让学生阅读语篇的时间，并让学生自行绘制水的旅行路线图，突出学生阅读的体验和知识的发现。

（2）增加对词汇认知和语篇阅读的指导，重视包括建构学习策略等在内的过程与方法目标的达成。

（3）增强有关反映水资源危机信息的力度，比如具有视觉冲击力的图片或警醒世人的数据等，为激发学生节约用水的意识和珍惜水资源的情感作好充分铺垫。

（4）采取灵活多样的形式让学生表现对语篇的理解，突破单一做题的形式，寓学于乐，培养学生语言学习的积极、愉快的情感。

二、第二次课改进

（一）课堂上出现的亮点

在导入环节，教师通过一系列有意义的问题引导，在课堂上引发了学生对"水"这一主题的积极关注。如：

T：What does the water in your home come from?

S：The reservoir.

T：What does the water in reservoir come from, then?

S：From the Yangtze River.

T：What does the water in the Yangtze River come from, then?

S：From the mountain.

T：What does the water in the mountain come from?

S：From the cloud.

执教教师通过读课文、听课文、图解课文和再次朗读课文等环节强化了学生对知识目标的达成，学生对水循环的过程能够较熟练地进行复述。

教师还设计了表示水旅行各环节的许多卡片，让学生分组进行合作排序，调动了大部分学生参与的兴趣。

（二）课堂上暴露的问题

（1）对于学习策略与方法的指导还不够到位。教师在对目标词汇 float 和 comfortably 进行介绍时，从读音和构词方面给予了简单解析，如由学过的 boat 一词的读音，对 float 进行类比和迁移，另外，还让学生由 comfortably 一词复习回忆其形容词形式，即 comfortable。但对于学生有些认识模糊的 water's journey, water treatment works, sewage plant 等词组没有进行必要的英语释义，致使学生对于水旅行环节上的认识有一定困难。

例如，当教师用多媒体演示了水的旅行过程之后，提问"What does the video tell us"，有学生回答"about water"，教师更正道"water's journey"，见没有学生反应过来，便直接用中文告诉学生是指"水的旅程"。这时如果改用简单的英语解释会更好。

（2）教学中，教师的阅读示范以及对学生阅读的检查与指导缺乏，影响了学生学习策略目标的达成。

课堂上，教师设计了两次让学生阅读文本的环节，但是，在学生两次的朗读过程中，教师都没有予以任何指导。教师在第一次解释文本内容时，每解释一段，让学生直接朗读一段。在听完文本内容之后，又让学生再次进行朗读。

（3）课堂上，教师留给学生充分的机会让学生学习有关水的旅行过程的内容，但教师提出的任务基本上都是对照课本就可以找到答案的简单任务，而缺乏富有创造性的任务，以至于知识与技能目标没能完全达成。

例如，把原来由水和 Daisy 进行对话的课文改写成由水自述旅行经历的短文，根据课本内容画出水的旅行图示等，这些有意义的工作都由教师包办完成。

（4）教学情感目标丢失，学生没有体现出学习的热情与兴趣、节约用水的意识与意愿。

例如，在学生对文本进行比较充分的感知和学习之后的最后环节，教师应当因势利导地让学生明白水的来之不易，从而顺利地突出情感目标，即倡导每一位学生节约用水，但教师没有抓住机会。

（三）为了改进提出的建议

（1）在朗读环节加强示范和指导，让学生正确流利地朗读，学会享受阅读。

（2）设计有意义、有趣味的活动，让学生体会到阅读学习的快乐。

（3）设计有助于文本理解的富有创造性的任务，让学生灵活地加深对文本的认识与理解。如尝试让学生在学习文本内容之后画出水的旅行图，然后进行简要复述。

（4）节约用水的情感目标要落实得自然，真正促进学生有感而发。

三、第三次课提高

（1）教师用讲故事的形式，以第一人称讲述了水的旅行，并用关键词提示每个环节的经历，拉近了与学生交流的距离。面对面讲故事显得亲切，有目光信息的交流，课堂表现出谈话的融洽气氛，增强了教师的亲和力，为学生语言知识的学习和语言技能的运用创造了良好的心理环境。例如：

T: Suppose, I am a drop of water, I just finished my journey. Now, I am going to tell you the story about my journey.

Let's look at the screen and listen to me carefully. 24 days ago, I was floating comfortably in a cloud, enjoying the view. Where was I?

Ss：In a cloud.

T：Good. How was I floating in a cloud?

Ss：Comfortably.

（2）教师注重创造机会让学生尝试和应用听、看、读、说、写等多种学习途径，既让学生熟悉并拓展了文本内容，又使学生的情感得到升华。例如，教师在课堂开始时让学生观看人们利用水的种种情形，让学生通过视觉捕捉画面信息，然后要求学生用语言复述人们利用到了水的哪些用途；接下来教师又通过开放性问题"What else can we use water for or to do"，引导学生进行自由表达以拓宽对水的用途的认识；随后教师让学生跟着录音读课文，分组分段读课文，从语篇阅读中获得更多知识信息；在最后的教学环节，教师引入中国水资源匮乏话题，让学生以小作文的形式表达自己节约用水的决心与行动，从而使学生对水资源的珍惜之情得到了升华。

（3）教师采用多种方式让学生熟悉课文内容即水的旅程，知识目标落实比较扎实。例如，三次课上教师采用了听课本录音、朗读课本、对水的旅程先后次序进行排序、根据所给的循环图讲述水的旅行等形式。

（4）教师设计了比较有趣的学习活动，让学生体验到了学习的快乐，课堂的气氛表现出活跃，学习的积极性有所体现。例如，教师对课本内容做了适当改变，把课本中水循环的九个环节简化成五个，并画出了直观的水循环示意图，然后让学生情景表述水循环的历程。

（5）教师在让学生掌握了语篇的基本内容之后，比较顺利地进入"节约用水"情感目标的升华，教育效果明显，学生体验丰富。例如，在播放了一盆脏水的图片时，教师解释说，有些地区的人们因缺水，只能用这种水洗脸、做饭，引发学生强烈的心灵震撼和节约用水的情感。在小组合作讨论如何节约用水的环节，学生生成了许多有效的方法：

　　Water is limited, so we should save water. I will turn the running tap off when I don't need more water. I will repair the broken tap. After I wash my face and hands, I will use the water to water plants. I will try to reuse the water. I will not play with water.

　　（6）**课堂结束时**，教师让学生回顾当堂阅读课的主要内容及应当形成的正确态度，很好地概括了学生应有的收获，使课堂教学达到了又一个新高度。例如：

　　T：Today, what have we learned?

　　Ss：Water's journey.

　　T：Yes. From today's lesson, what should we know?

　　Ss：We should know we mustn't waste the water. /Water is very important to our life. /Water is limited. /We cannot live without water.

　　T：Very good. China is a big country , but actually, China is a country short of water. We don't have enough water for everyone to wash faces, to take baths, or even to drink. Water is limited, so we must use as many good methods as possible to save water.

　　从上述三次课的改进过程，可以看到这样清晰的脉络：

　　第一次课的主要问题是知识技能目标简单强化，其他两维目标缺失，所以建议加强学习方法指导和增加阅读体验。第二次课的主要问题在于学习方法指导不够到位，阅读快乐体验不足，情感目标丢失，所以建议加强阅读指导，提升知识目标达成，体现情感目标。第三次课的整体效果是学习创造性有所体现，学生学习兴趣有所提高，情感的体验积极，精彩生成变得丰富，但对过程与方法目标也提出了进一步的建议，即进一步提高过程与方法的指导能力，课前的设计体现过程与方法目标，并有细化落实的措施，课堂上要有灵活到位的学法指导。

四、达成的共识与结论

通过执教教师以 Water's Journey 内容单元为载体的专题演绎与实践探索，在促进三维教学目标整合的实践策略方面，可以总结出以下启示与认识：

第一，在促进学生知识学习的过程中，教师应当注重体现知识获得的过程，并给予及时的学习方法指导，让学生知其然，也知其所以然。

具体实践策略包括：（1）拓展目标词汇知识。在教授目标词汇环节，可以帮助学生总结目标词汇的读音规律、构词的特点，以及拓展相关的文化背景知识，这样有助于学生对目标词汇有更深入的了解。例如，在本专题研究课上，执教教师对 float 和 comfortably 的初步解读就代表了这种方向。（2）探索趣味记词方法。在帮助学生记忆目标词汇的实践中，教师可以将目标词汇编成歌曲或故事，也可以针对目标词汇进行英语释义竞猜。例如，在本次专题研究课上，教师针对目标词汇 float，就可以编成这样的歌曲来让学生掌握其意义及拼写："Find a light boat, wear a life coat, down the river you can float!"（3）学会语境推理获得理解。教师可以让学生根据上下文语境来猜测词义，并验证猜测。例如，在本专题研究课中，提到 sewage plant，教师可以用简单的英语这样释义：a factory which makes the dirty water into clean water and then send the clean water to the people's home。（4）寻找段落主题语句。教师可以让学生在每一段中找出主题句。例如，在本次研究课中，教师可以让学生寻找每一段的主题句，从而让水循环的路线清晰展现在眼前。（5）归纳语篇段落大意。教师可以让学生在阅读完每一段后，归纳出段落大意。有的语篇不是每一个段落都可以找到能够概括段落大意的原句子，所以需要学生通过归纳概括的方法来实现对段落意义的把握。（6）分析语篇结构思路。教师可以让学生以图解的形式表示文本内容。如执教教师在本次研究课上所做的示范那样，不过最好是在教师的引导下让学生自己做出来。

第二，在促进学生知识学习的过程中，教师应当注重学生学习过程中的积极体验，寓学于乐，寓教于乐。

具体实践策略包括：（1）以当众朗读的形式，表现各自对文本的欣赏与理解。这样可以让朗读成为获得成就感的一种形式，阅读兴趣由此而得到培养。本专题研究中的前面两次课之所以没有体现阅读课本来的味道，就是因为整个课堂学习的过程中，教师没有设计学生阅读的环节。（2）以角色表演的形式，再现语篇文本中的内容与人物。文本学习还可以通过表演来体现自己的理解，这样可以更好地突破"阅读＋答题"的单一模式。（3）以趣味游戏的形式，增添学生学习知识的快乐体验。这样可以吸引更多学生的积极参与。（4）以情景作文的形式，创造学生直抒胸臆的成就机会。这样可以让学生把阅读的收获转化为自己的作品呈现。例如，本次专题研究课上，执教教师就课程文本进行了很好的改写和创造，只不过有些越俎代庖而没有给予学生锻炼的机会，使得学生实际的获得打了折扣。（5）以主题辩论的形式，培育学生情智交融的学习状态。思想的碰撞可以产生更多智慧的火花，让课堂的生成更加丰富精彩。（6）以主题教育的形式，提升学生相关主题的情感态度。教师把积极的情感、态度和价值观念融汇在主题体验中，更容易产生潜移默化的效果。如在本专题研究的第三次课结束环节执教教师引导学生进行的主题总结那样，课堂就呈现出了积极的学习效果。

专题6：从学情出发提高教学针对性的研究

在基础教育新课程改革深入推进的过程中，"以学定教"的理念已成为广大教师的共识，但是认同的理念如何渗透到教师日常教育教学过程中并转化为教师教育教学的行为，依然是一个亟待研究解决和需要专业支持的重要环节。

本研究以基于学生学情提高教学针对性为专题，深入课堂教学情境中进行持续的跟踪研究与诊断，以期解决先进理念在向课堂实践转化过程中遇到的种种障碍，并在取得明显改进效果的基础上总结提炼出行之有效的实践策略以尽可能地扩大其辐射及推广价值。

本研究选择的执教内容是2012年教育部审定的义务教育教科书《英语》七年级上册第九单元 My Favorite Subject is Science 的第一节新授课。执教教师确定的课时目标是：学生能够听懂、读出和拼写表示学科的单词，如 science, math, Chinese, geography, history; 能够听懂"What's your favorite subject? My favorite subject is…, Why do you like it? Because it's…, Who is your … teacher? My P. E. teacher is…"等句子，并且能够灵活运用；让学生发现各学科的优点，培养学习的兴趣。

一、第一次课试教

在第一次课上，课堂教学表现出的亮点如下：

（1）在课堂导入环节，教师从个人喜好的话题着手进行互动交流，并在此过程中注意联系学生学习过的单元内容主题，体现了教学的针对性。

如教师分别就"What's your favorite color? What's your favorite number? What's your favorite food? What's your favorite sport? What's your favorite vegetable?"五个问题与学生进行了课堂的互动交流，其中有关 color 和 food 的话题就是本教材预备第三单元和正式第六单元的主题。

（2）教师呈现给学生真实的六个学科（Chinese, math, science, history, music, art）任课教师的照片，让学生说出照片中的人物是谁（Who is he/she?）的活动设计，自然和巧妙地引入了本次课"My Favorite Subject"的主题，形式鲜活，谈论的人物真实，教学针对了学生现实的学习生活。

（3）教师在让学生两人一组就喜欢的学科进行问答（What's your favorite subject? My favorite subject is…）的学习过程中，把可能涉及的一些学科名称的名词进行了提示和罗列，有利于学生在会话过程中及时参考。教师罗列的单词包括 math, music, history,

Chinese，science，P. E.，geography，English，art 等。

（4）课堂上有的小组活动设计表现出了一定的创意水平，起到了比较好的语言实践运用效果。其中的一个小组活动是四人一组，要求第一位同学说出自己喜欢的学科是什么，然后让第二个学生转述刚才那位同学的表达并接着表达自己喜欢的学科是什么，以此类推，比较好地促使了学生对先前学习过的人称代词以及形容词性物主代词（本教材第三单元）的复习和运用。

问题发现：

（1）教师对学生的真实学情主动了解得还不是很充分，较多的教学环节还是停留于教师预设性的学习强化与巩固层次。

如教师针对 favorite，geography，science 和 art 等目标词汇直接提供了音标并带读，而没有让学生先读，因而没能准确地发现学生究竟哪些词或者词的哪个音节读得不准确，再作针对性的纠正以及学法的指导。另外，课堂上针对目标词汇的拼写没有进行必要的检查，教师不太清楚哪些目标词汇学生还不会准确拼写，以及容易拼写错误的原因在哪里，教学针对性受到影响。

（2）课堂上有些学习活动的针对性不明确，过于泛化，使得学生学习费时低效。

如听录音并完成填空的学习活动，教师设计了五个完整句子的填写，没有突出目标词汇（favorite，P. E.，music，history，boring，difficult），而有些真正需要学生掌握的目标词汇（relaxing，geography）也并没有设计进去。

附录课堂填空练习如下：

A：What's your favorite subject?

B：My favorite subject is P. E..

A：Why do you like P. E. ?

B：Because it's fun. How about you? What's your favorite subject?

A：My favorite subject is music.

B：Really? Why?

A：Because it's relaxing

B：What subject do you not like?

A：I don't like history because it's boring.

B：I don't like geography, because it's really difficult.

（3）课堂上设计的较多学习活动功能比较单一，整合和集成不够，以至于课堂上学生的学习活动频繁转换。

如让学生对三位身边的同学做学科喜好的调查的活动，仅停留于填写表格，接下来又是让学生针对自己喜欢学科进行比较完整的书面汇报。这些其实完全可以精简成最后一个书面汇报的活动，而改为让学生在前一个活动中调查之后，针对调查得到的信息进行完整汇报，合二为一，一举两得。

又如，关于学科喜好的两人问答活动与刚才提到的调查活动也可以进行整合，因为在调查的过程中学生进行的就是关于学科喜好的问答。

（4）课堂上真实鲜活的生成还比较少，整堂课学生运用到的学科名称的词汇基本上停留于教材提到的八个词汇，即 P.E., art, science, music, math, Chinese, geography, history，而对于初中阶段要学习的 chemistry, physics, politics, computer 等学科的词汇没有进行实时拓展涉及。另外，课堂上表达喜欢或不喜欢某一个学科的理由也基本上局限于 interesting, fun, boring, difficult, relaxing 等教材上提到过的词汇，应该让学生用其他学过的词汇更为灵活而真实的表达。

改进建议：

（1）可以课前以预习单的形式检查学生是否可以把现有的学科名称的词写对和根据音标读正确，然后根据学生的反馈情况，有意识地在课堂学习过程中予以强化或纠正。同时考虑怎样以先前学过的 like 过渡到 favorite 的认识及运用。

（2）进一步整合课堂教学中的任务设计，可以让学生在听录音的基础上不仅完成相关信息的连线或部分目标词汇的填写，还可以进行分角色对话并用自己的话进行转述。

（3）在教学内容的选择上，可以打破现有教材的编排，在整个单元的内容中灵活组织相关内容进行本课时教学。如 section B 的第一个内容是将左栏的 boring, difficult 和 busy 与右栏的 easy, interesting, fun, free 和 cool 进行配对练习，第二个内容是让学生听一段有关学科喜好的录音材料并在上面左右两栏中圈出听到的形容词。这两项内容都是基础性的、强调目标词汇掌握的内容，因此可以将其放入第一次课的学习过程中。

（4）在学生就某些学科表达喜欢或不喜欢的过程中，教师要注重与学生真实的交际交流，比较恰当地进行追问以促使学生丰富的表达，或者进行必要点评，给予学生学习方法的指导或学科情感的培养。

例如，当学生因为某一学科比较难而不喜欢时，教师可以鼓励说"Nothing is difficult if you put your heart into it"，或者说"No pains, no gains"。如果学生因为觉得某一学科有趣而喜欢时，教师可以感同身受地说"Interest is the best teacher"。这样的课堂教学就可以实现动态的生成，同时学科情感的培养也自然渗透其中。

二、第二次课改进

在第二次课上，课堂教学表现出的积极变化如下：

（1）教师在引入新词 favorite 之前照顾到了学生原有的学习基础，通过学生学过的单词 like 进行迁移，起到了比较好的铺垫和过渡作用。

如教师在就自己穿着的颜色提问学生的过程中提问学生"What color do I like best?"让其猜测，最后教师用两句话完成了对本课时 favorite 的解释，即"I like black best, and black is my favorite color"，学生很自然地理解了本堂课目标词汇 favorite 和 like 之间的关系，为灵活表达奠定了知识基础。

（2）在与学生进行互动的过程中，针对学生的现有表达，教师进行了灵活拓展，使会话增添了新信息，丰富了学生课堂的学习。

如教师在提问学生"What is your favorite food?"时，当学生回

答"apple"时，教师不失时机地说道"Apple is my favorite fruit, too. An apple a day drives a doctor away"。

（3）为了促进课堂上学生鲜活的生成，教师在个别学习活动的设计上进一步体现了创意和整合的水平，收到了比较好的学习效果。

如在让学生对同伴进行个人喜好及理由的调查活动中，教师设计了一个开放性表格让学生边调查边填写记录，除了favorite subject, favorite teacher, favorite food 三个项目之外，还特意留了两个开放项目，让学生自由选择，这就给了学生灵活发挥的空间，有利于课堂动态的生成出现。此外，为了便于学生顺利地表达自己的喜好，教师在第一次课提供的 fun, relaxing, easy, difficult 等词之外还增添了 useful, helpful, exciting, delicious, cool, free, fresh 等词汇。同时，做完调查之后，教师还要求学生就调查到的信息进行汇报，力求全班分享，进一步放大学习效果。

课堂表格如下：

	Favorite subject	Favorite teacher	Favorite food	Favorite…	Favorite…
what					
why					

问题发现：

（1）教师课堂上增加了有关 school schedule 的表格填写，是直接针对学科名称的目标词汇的练习，并且是学生现实学校真实的课程表，设计本身有一定创意，但是教师没有针对学生的完成情况进行抽样检查，学生哪些词读得不准确，哪些词写得不对，教师并没有把握清楚，教学的针对性自然受到影响。

如有学生将 science 拼写成 sience, 有学生将 politics 拼写成 polisics 或 politice.

（2）在听录音进行填空的练习中，教师将第一次课上填写全句的要求改为写单词，但是要求学生填写的相应单词并不完全是本课时重点的目标词汇，没有完全体现学习的针对性。例如：

A：What's your favorite subject?

B：My favorite subject is P. E. .

A：Why do you like P. E. ?

B：Because it's fun. How about you? What's your favorite subject?

A：My favorite subject is music.

B：Really? Why?

A：Because it's relaxing.

B：What subject do you not like?

A：I don't like history because it's boring.

B：I don't like geography, because it's really difficult.

从第一句填空的设计就可以看出，这里要着重反馈的是 favorite 或 subject 而不是 what's；第二句需要反馈的不仅是 subject，而应该有 P. E.；第四句需要重点反馈是 fun，而不是 because；第九句需要反馈的不仅是 history，还有 boring。

（3）课堂最后要求学生基于现场调查的结果形成书面报告的任务，只选择了一个学生的报告进行展示分享，不利于整体把握学生本堂课真实客观的学习结果，不仅使得写得好的学生作品不能够及时分享，同时针对学生出现的种种错误也不能够进行现场指导，教学的针对性再次受到影响。

如有的同学写出了近十个比较完整的句子，而且语法等都比较规范，同时也有不少同学出现了多方面错误，如拼写错误（straberry），主谓一致方面的错误（Chinese and history is my favorite subject）。

改进建议：

（1）针对学生拼写及朗读容易出错的目标词汇设计出行之有效的纠正与指导方法，加强学法指导。

比如，对于目标词汇 geography，可以采取分音节拼写的形式呈现给学生，即 ge-o-gra-phy，再辅之以音标对照，即/dʒiˈɒɡrəfi/。这样既可以让学生顺利地记住拼写，也可以方便学生根据音标认读。对于 science 也可以采取同样的方法，即 sci-en-ce。

（2）进一步加强与学生进行真实情景的活动，继续扩大课堂鲜活的生成，争取在情感目标上有更突出的表现。

如针对学生喜欢英语学科，教师可以进行一些认识拓展："A foreign language is a bridge to the outside world, and if you learn English well, you'll make a lot of friends. Kiss English, kiss the world"。针对学生喜欢语文，教师还可以从鼓励学生把学生母语学好的角度评价道："Love China, love Chinese. If you can learn Chinese very well, you will win the Nobel Prize as Mo Yan has"。

三、第三次课提高

在第三次课上，课堂教学进一步的积极变化如下：

（1）针对学生喜爱流行歌曲和明星的年龄特点，课堂从歌曲播放开始，并以对 the singer is my favorite star 的介绍正式导入个人喜好的话题，引发了课堂精彩的生成。

附录课堂教学片段如下：

T：Who is your favorite star?

S：Zhou Jielun.

T：Why do you like him?

S：He is so cool.

T：What's your favorite sport?

S：Ping-pong.

T：Oh, I like playing ping-pong, too. We can play it after class.

T：Can you guess what my favorite number is?

S：Three.

T：Why?

S：Because you teach class three.

（2）课堂教学以目标词汇的拼写和认读为重点，加强了针对学生课堂学习情况的反馈，并有针对性地予以指导。

如在学习目标词汇 geography 时，教师呈现音标让学生拼读，并结合学生先前学过的人名 George 进行比较，让学生联想记住前面一个词的拼写以及发音。

又如，在学习了有关学科名称的目标词汇后，教师组织了用英语填写班级课程表的学习活动，并且让学习比较差一些的两个同学上台在展示板上进行现场填写，这样不仅可以看到最后写出的结果，还可以看到拼写的过程，与此同时让台下的同学上台进行修改，如将同学拼写 PE 时漏掉的两个圆点补齐，即 P. E.。

（3）在听录音对话并就提及到的七个学科与讲话者用到的七个相应的形容词进行配对的环节，有部分学生不能全部一一配对，教师增加了根据录音文字材料进行关键词填空的练习降低了难度，并且在对话材料上标注了升降调的符号，使学生不仅能够听懂，还便于其注意其升降调。

（4）在现场针对身边同学做个人喜好调查的活动中，为了便于学生能够自由发挥，教师进一步加大了开放性，由第二次课提供的 subject, teacher, food 三个方面，增加到了本次课九个方面的提示，即 subject, teacher, food, fruit, vegetable, color, sport, number, month。

改进建议：

（1）课堂上设计的小组学习活动还可以进一步优化。

如在学生完成班级课程表的英语填写之后，教师可以组织基于课程表里提到的学科让学生讨论自己喜欢的科目及其原因，同时也可以选择讨论其他话题（如 color, food, vegetable, fruit, teacher 等）做四人一组的接龙对话游戏，即第一个同学在表达自己的喜好之后，后面的每一位同学先都要先变换人称转述前面所有同学的话后再表达自己的喜好，这样使得第一个同学在表达完一个句子后，要等第二、第三和第四个同学分别表达完二、三、四共九个句子，不仅接龙的效率降低，而且重复的频率增大。另外，教师没有规定后面的同学在表达自己的喜好时不能重复前面同学完全相同的表达，所以又给本来可以生成新内容的环节进一步增大了重复的可能性。

附录课堂学习片段如下：

S1：My favorite fruit is apple, because it's so sweet.
S2：My favorite subject is science, because it's useful.
Her favorite fruit is apple, because it's so sweet.
S3：Her favorite subject is science, because it's useful.
Her favorite fruit is apple, because it's so sweet.
My favorite fruit is apple, because it's healthy.
S4：Her favorite subject is science, because it's useful.
Her favorite fruit is apple, because it's so sweet.
His favorite fruit is apple, because it's healthy.
My favorite subject is math, because it's funny.

（2）为了增加词汇学习的趣味性，教师还可以简要补充一些有关构词方法及其形成历史等方面的知识，这样比单纯教读音和学拼写要内容丰富一些。

如在学习 history 时，不仅可以和 story 相结合，还可以进一步解析 history 一词其实就是 his story 的拼缀（blending），因此可以看出男权主义的倾向。接下来顺便提及 20 世纪 60 年代以来在欧美掀起了女权主义运动，她们认为原来的 history 也可以写成 herstory，同样，除了 chairman 一词外，还出现了 chairwoman 以及 chairperson。

另外，在学习到 math 一词时，也可以顺便指出它是一个缩略词，完整的拼写是 mathematics，也可以拼写成 maths，三种词形表示的是同一个学科。

三次课改进的脉络如下：

第一次课关注到了学生先前的学习基础，作了比较好的衔接与铺垫，教学的针对性有体现，但预先诊断和过程检测不够，与学生进行真实的过程互动不够，教学的针对性不充分，课堂生成有限；第二次课进一步突出了针对学生先前学习过的知识基础开展新授课的教学，并且在针对目标词汇的检测方面也有所涉及，但是并不彻底，因为反馈得不全面，无法真实了解学生全面的学习效果，因此无法明确体现教学的针对性；第三次课进一步加强对学生学习学情的反馈及指导，并对课堂学习活动进行了集中和整合，突出了学习的重点，互动生成的更加丰富。

四、达成的共识与结论

经过三次课连续的实践改进，从过程中暴露的问题以及改进中获取的启示，可以综合归纳出以下行之有效的实践策略：

（1）反馈至上，把握学生真实的学习状况。学生对于新课内容预先学习暴露的问题以及对新课的期望是新授课得以成功的前提。第二次课教师以学校课程表的形式让学生进行英语填写，就是要了解学生对本次课有关各个学科的目标词汇是否掌握。

（2）衔接铺垫，依托学生原有的知识经验。学生对语言的学习是连续积累的过程，因此，教师在课堂教学的过程中要充分关注学生先前所学，加强新旧知识之间的联系，从而展开有针对性的进一步教学。如本次专题研究的三次课都比较集中地联系先前教材单元的内容进行衔接教学，就是一种有效的尝试。

（3）学法指导，切中学生学习的症结疑难。教师课堂教学的针对性还体现在对学生学习过程中遭遇的认知瓶颈或发生的认知错误等方面的积极回应和行之有效的指导与点拨上。如本次专题研究过程中的第三次课上教师针对本次课的目标词汇 geography 词形比较长的特点，将该词与学生熟悉的人名 George 来对照，降低了学生对该词的陌生感。

（4）活动创意，调动学生学习的兴趣动机。有时候课堂教学之所以索然寡味，学生没有积极地投入，更多的原因在于教师没有针对学生的学习需求、学习兴趣来开展教学，所以围绕学生的兴趣和需求进行教学活动的创意设计及实施可以调动学生学习的积极性，通过教学解决课前学生存在的疑难困惑，课堂教学的效果自然就会改观。如本次专题研究的第一次课上的四人接龙表达个人喜好的小组活动以及第二次课上现场做个人喜好的调查，就引发了课堂鲜活的生成出现。

专题7：探寻新授阅读课教学有效策略的研究[1]

新授课是初中语文课教学过程中的一个重要课型，其中阅读篇目的教学更是语文课教学诸多任务中非常重要的一项，它直接考验着教师落实新课程教学理念和体现语文学科特性的专业能力。

本研究以初中语文新授阅读课的有效教学策略为专题，旨在诊断发现教师阅读教学存在的问题，循环改进教师阅读教学的表现效果，概括总结教师阅读教学有效的策略，最后理性提炼有效阅读教学获得的认识。研究过程主要是以同一教学内容，安排三位不同的教师在平行年级的三个不同班级接续施教、持续改进，直至最后取得比较明显的课堂教学改进效果，体现出新授阅读课应有的旨趣。

一、第一次课试教

执教教师选择的是人教版七年级语文上册第三单元第三课《夏感》。该文是一篇以夏天为题材的散文，在描绘夏天的特有景色的同时，热情讴歌了在炎炎夏日里辛勤忙碌的劳动者，语言生动，感情丰富。

执教教师确立的教学目标是：学习积累"黛色"、"贮满"等新词，通过朗读进入课文情境，培养对生活的热爱和对劳动者的感情。执教教师设计了新课导入、初读感知、研读赏析、内容拓展和总结升华五个教学环节。

课堂教学表现出的成功探索如下：

（1）课堂上，教师尝试了示范朗读，同时要求学生在听读过程中注意容易读错的字词和描绘的景物，并在此基础上总结出夏天的特点，很好地帮助了学生了解全篇内容。

如在对本课7个生词（黛色、贮满、匍匐、逸致、融融、澹澹、芊芊）的再认环节，只有一个同学把"贮（zhù）满"读成了"贮（chú）满"；对于第一个问题"作者笔下的夏天有什么特点？"，学生

---

[1] 参见胡庆芳：《新授阅读课有效教学策略的课堂实践研究》，载《中学语文教学参考》，2011（5）。

能够找出文章的第一个主题句,即"充满整个夏天的是一种紧张、热烈、急促的旋律。"

（2）教师把教学重点放在学生对语篇的赏析交流上,持续时间为 26 分钟,占整节课的近 60%。以语篇其中一句来率先示范赏析的方法,促进了课堂比较丰富生动的生成,课堂气氛积极活跃,掀起了课堂学习交流的高潮。

教师示范的片段：

> 老师喜欢课本里的一个句子是"你看,麦子刚刚割过,田间那挑着七八片绿叶的棉苗,那朝天举着喇叭筒的高粱、玉米,那在地上匍匐前进的瓜秧,无不迸发出旺盛的活力"。这句话运用了拟人的修辞手法,通过"挑着"、"举着"、"匍匐前进"、"迸发"等动词生动形象地表现了农作物的勃勃生机。

学生赏析的片段如下：

> 生：我喜欢"你看田间那些挥镰的农民,弯着腰,流着汗,只是想着快割,快割；麦子上场了,又想着快打,快打"。因为本句运用了反复的修辞手法,很贴切地表现了农民们在夏天紧张、忙碌的状态。

> 生：我觉得这个句子写得不错："田家少闲月,五月人倍忙,他们的肩上挑着夏秋两季。"作者运用的是引用的写作手法,写出了夏季独有的繁忙,给我们描绘出了一幅热闹的乡村田园图。

> 生：课本上这个句子也写得很好："金色主宰了世界上的一切,热风浮动着,飘过田野,吹送着已熟透了的麦香。"这里的"主宰"一词就运用了拟人的手法,显示出了气势,让你一闭上眼睛,眼前就出现了金黄色的一片,再读到"吹送着已熟透了的麦香",仿佛一下子就可以闻到了麦子熟透了的味道。

在学生充分热烈的赏析交流之后,教师还设计了三个开放性的总结话题："我仿佛听见了＿＿＿＿＿＿＿＿＿＿","我仿佛看见了＿＿＿＿＿＿＿＿＿","我仿佛感觉到了＿＿＿＿＿＿＿＿＿＿"。

学生丰富生成的内容片段如下：

生：我仿佛听见了人们在田里面打麦子的声音。

生：我仿佛听见了麦浪翻滚的声音。

生：我仿佛听见了农民一边挥着镰刀，一边吆喝的声音。

生：我仿佛看见了金灿灿的麦子。

生：我仿佛看见了农民伯伯把麦子割倒的情景。

生：我仿佛感觉到了阳光普照，高粱和玉米的香味。

生：我仿佛感觉到了夏天热浪在迎面扑来。

生：我仿佛感觉到了夏天的热气，农民伯伯的汗珠变成水蒸气升腾。

接下来教师又设计了一个概括性的话题，即"这是一个＿＿＿＿的夏天"，来引发学生表达阅读的感受。

学生继续生成的片段如下：

生：这是一个充实的夏天。

生：这是一个农民伯伯辛勤劳作的夏天。

生：这是一个绚丽多彩的夏天。

生：这是一个紧张、热烈又急促的夏天。

生：这是一个成熟的夏天。

生：这是一个麦浪翻滚的夏天。

问题发现：

（1）课堂导入太简短、仓促，未能充分激发学生的阅读兴趣，教师没有做好学生学习新语篇的铺垫。

如教师简短的开场白仅三句话："有人钟爱春之明媚，有人独喜秋之丰硕，更有人醉心冬之沉默，唯独夏天好像总是容易被人淡忘。可是就有这样一个人高声赞美这个春与秋之间的夏季，令人由衷叹服，今天我们就一起走进梁衡的《夏感》，去领略夏的独特魅力。"总共才一分钟时间，学生还没反应过来，教师就马上开始朗读课文了。

（2）学生缺乏自主朗读的体验，教师示范朗读之后紧接着让学生找自己喜欢的句子并写在阅读卡上，接下来就是交流对语句的欣赏。如果新语篇离开了充分的朗读体验，学生就无法比较切身地体会语篇所表达的思想感情。

（3）教学中有些环节的实践效果不理想，对于促进学生语篇阅读与理解能力的提高作用不突出。如让学生在阅读卡上抄写自己喜欢的句子的过程耗时较长且低效，总共用了6分钟。教师完全可以以在书本上画线等快捷方式来赢得更多时间，让学生品味语篇与交流表达。又如，在学生欣赏完语篇之后，教师进行了内容拓展，引入了作者梁衡曾写过的《最后一位戴罪的功臣》中的一段，以推理的方式以期说明"正是因为作者怀有一颗不需要强调的百姓心，我们才看到一个忧百姓之忧、急百姓之急的林则徐；同样是因为这样一颗同情百姓疾苦和讴歌百姓辛劳之情，他才能为我们描绘了这样一幅火热的夏季劳作图"，但这种推理有些牵强附会，诠释乏力。再如，在布置完作业的最后三分钟时间，教师安排学生学习本来属于课后作业的新语篇《海滨仲夏夜》，在学生对课堂上要学习的语篇朗读体验不充分的前提下，这样的设计有些本末倒置。

（4）教师对语篇的结构及其行文思路分析得不够，致使学生未能从整体上认识和感知语篇的结构美以及写作中谋篇布局的技巧。本篇文章属于"总—分—总"的结构，即首先总体交代一下作者对夏天的感受，接下来从夏天的磅礴气势、中性色彩和紧张旋律等三方面进行具体描写，最后概括地陈述喜欢夏天的理由。文章在体现夏天的磅礴气势时又从视觉、听觉和嗅觉等方面进行了展开，有远景也有近景，有动态也有静态，给读者呈现出了一幅多姿多彩的画卷。

（5）教师针对学生的回答没有进行有实质内容的评价反馈，特别是针对学生出现的错误没有进行正确的评价和纠正，引导不够。如下面一片段所示：

师："春之色为冷的绿，如碧波，如嫩竹；秋之色为热的赤，如夕阳，如红叶。"这两句话用了什么修辞手法？

生：（犹豫）比喻。

师：嗯？用了什么手法？

生：（稍大声，还是犹豫）比喻。

师：比喻？嗯，或许。还有吗？

改进建议：

（1）在突出对文本的赏析交流的同时，教师要注意设计一些高质量的问题来引导学生深入挖掘文本信息，使学生加深对文本的理解。

（2）在示范朗读的同时，教师要注意尝试学生个别朗读和小组赛读等多种组织形式，以增强学生对文本的朗读体验。

（3）在注重口头表达体验与感受的同时，教师也要注重尝试读写结合，以书面表达的形式体现对文本学习后的灵活迁移。

（4）在激励评价学生积极参与学习交流活动的同时，教师要注重发挥评价的引导功能，避免使学生的发言流于形式。

二、第二次课改进

在第二次课上，课堂教学进行了如下改进：

（1）教师坚持了上次课读说结合的实践，在学生初读课文之后教师就以"这是一个_____的夏天"为题让学生开放式回答，引发了课堂比较丰富的生成。

相关教学片段如下：

生：这是一个被金色主宰的夏天。

生：这是一个美好的夏天。

生：这是一个紧张的夏天。

生：这是一个美丽而遗憾的夏天。

生：这是一个热闹的夏天。

生：这是一个急促的夏天。

生：这是一个承前启后的夏天。

生：这是一个收获的夏天。

（2）为了促使学生领悟作者所要表达的思想感情，执教教师从文本入手，挑选了文本中其认为是重点的语句如"我却要大声赞美这个春与秋之间的黄金的夏季"，设计了相关问题引导学生思考："课文前面说夏天的色彩是金黄的，这里又说是黄金的夏天，为什么不一样呢？作者在这里只是在描写景物吗？"

引发学生思考的片段如下：

生：金黄是一种颜色，而黄金是一种东西。黄金十分珍贵，也就说明夏季也是十分珍贵。可是人们往往忽略了这个夏天，总是只想着春天的优美和秋天的硕果累累。用黄金比喻引起重视。

生：我觉得作者不只是在赞赏夏季，也是在赞赏在夏季劳作的农民伯伯。如果没有他们在夏季的辛勤劳作，就不会有秋天的硕果累累。

问题发现：

（1）课堂导入过于发散，既有让学生对描写四季的古诗词的回顾，又有对刚刚过去的夏天发表感受，共耗时10分钟，挤占了新授语篇的教学时间。

（2）语篇初读的组织策略错位，以小组齐读的方式替代学生个性化的自主朗读，各负其责的分组分段朗读肢解了语篇，整体阅读没有落实。

（3）主要问题的设计没有体现出层次性和精致化，导致生成的内容尽管丰富但是杂乱无序。

在本次课上，执教教师只设计了一个中心问题，即"这是一个_____的夏天"。学生完全停留在笼统印象的层面，说什么都可以。对此教师应当设计一个问题链，不断促进学生对语篇的认识从笼统到具体、从整体到细节。如教师可以追加问题："作者从哪些方面来表现夏天这些独有的特点的？为了表现这些特点，作者描写到了哪些景物和人物？你欣赏哪些描写？它们好在哪里？"

改进建议：

（1）给予学生自主阅读和表现阅读的时间和机会，让学生获得阅读体验。

（2）保证学生对语篇充分的语篇赏析和交流的机会，同时注重过程中的评价引导，追求语言品味的质量。

（3）适当进行内容拓展，更好地促进学生对作者想要表达的思想感情的领悟。如可以精选讴歌农民辛勤劳作的优秀诗篇，也可以挑选体现劳动者含辛茹苦的具有感染力和视觉冲击力的图片。

三、第三次课提高

基于前面两位执教教师的实践探索以及本课堂教学专题改进研究小组的建设性建议，第三位教师进行了接力棒式的第三次改进与提高的教学实践，课堂面貌发生了明显改观。

（1）课堂教学环节得到了优化，课堂导入高效快捷，短短5分钟的开场白为学生新课的学习作了很好的铺垫。

课堂导入包括两方面内容，一是执教教师先让学生自己谈一谈对夏天的感觉（"蚊子烦人"、"闷热"、"蝉叫嘈杂"等）；二是教师呈现三位名家有关夏天话题的名作，进而引导学生在说出写的什么景物的同时，去体会作者表达的思想感情。如唐朝李绅的《悯农》（"锄禾日当午，汗滴禾下土"）体现的是劳作的辛苦，宋代杨万里的《晓出净慈送林子方》（"接天莲叶无穷碧，映日荷花别样红"）体现的是一种别样的风情，而现代老舍的《在烈日和暴雨下》（"处处干燥，处处烫手，处处憋闷，整个老城像烧透了的砖窑，使人喘不过气来"）则体现了一种苦闷和压抑。教师进而总结道，这些作者都是通过具体的景物抒发思想感情的，为学习新语篇《夏感》借景抒情的手法埋下伏笔。随后教师因势利导地提出当堂课的学习任务，让学生去领略梁衡眼中的夏天是怎样的一种景象。

（2）课堂上教师组织了多种形式的阅读实践，学生的自主阅读体验得到了充分保证，读与说穿插交织，情与景浑然交融。

如在学生自主的个性化朗读实践之后开始交流一个开放式话题，即"这是一个_____的夏天"。在讲到语篇中精彩的片段时，教师采用了词语替换的比较式朗读，让学生体味语篇的语言美。在学习完一个重点段落（第四自然段）后，让学生分男女角色进行表演式朗读，充分体会语篇传递的思想感情。

（3）教师针对语篇设计的主要问题有效地驱动了学生从整体感知到深入理解，再转向情感升华的学习历程，课堂教学的层次感得到加强。

如学生在初读语篇时，呈现的问题是一个开放式的比较笼统的问题，即"这是一个_____的夏天"，让学生对整个语篇有一个初步印象。

在问题探究环节，教师在语篇中间的三个段落分别设计了三个比较具体的问题，如夏天的磅礴之势体现在哪里等，从而让学生对语篇的各个部分有了一个细致的把握。

在课堂的最后，教师再次抛出第一个问题，即"这是一个____的夏天"，让学生对梁衡笔下的夏天有一个比较清晰而概括的认识和印象。

（4）在学生充分地赏析语篇之后，教师因势利导地促成了读写结合的尝试，并在全班进行了即兴作品的分享，比较好地达成了课堂预期的教学目标。

经统计，全班29人，作品满分为10分，得分8分及以上的有11人，优秀率近38%；6分及以上的有21人，合格率约72.4%。示例如下：

作品1：

夏天是炎热的，最能解渴的莫过于西瓜了。大大的、圆圆的，浅绿色中间夹杂的一道道深色纹路仿佛让我看到了种西瓜的农民伯伯黝黑的脸……没有苦涩的汗水就没有夏天西瓜的香甜。

作品2：

夏天是一个生命勃发的季节。你看，池中的荷叶尽情地在微风中摇摆；你看，参天的大树还在拼命地向天上冲刺。我要更加努力了。

当然，本次课也还存在着进一步改进与优化的空间。比如，执教教师在以三个问题为引导让学生了解有关语篇具体内容之后，引入了两段拓展内容，一段是梁晓声对梁衡的评价，即"梁衡的百姓心不需要强调"，另一段是梁衡自己的作品，即"土炕，我下意识地摸摸身下这盘热烘烘的土炕。这就是憨厚的北方农民一个生存的基本支撑点，是北方民族的摇篮"。接下来再次出现学生初读课文时问题，即"这是一个＿＿＿＿＿的夏天"。仔细分析可以发现，此处的拓展比较突兀，对于接下来总结对夏天的感觉并没有直接作用，而思想感情的体现主要应该通过对文本挖掘和分析来完成。

此外，课堂上有些问题的设计还不够贴切，不能达到有效引导学生学习的目的。如教师针对语篇中有关"夏天的色彩是金黄的"一段，设计的问题是："夏天的黄色仅仅是指色彩吗？"在选择问题回答时有很多学生没有选择这一题。如果改为"为什么说夏天的色彩是金黄的？"，效果可能会好一些。

四、达成的共识与结论

语文教学应当从语文学科的特点出发，通过充分的阅读实践、鲜活的文本解读以及个性的美感体验等教学环节，使学生在潜移默化的过程中提高思想认识、陶冶道德情操、培养审美情趣。在当前初中语文新授阅读课的教学中，教师存在的困惑与问题主要表现为：考试相对封闭，排斥其他可能理解；课时相对紧张，创生多元理解有限；体验相对单薄，生成个性理解受阻；策略相对单一，提升阅读质量乏力。通过三次课持续的研讨与改进，可以总结出如下方面的共识与结论：

（1）新授阅读课教学有效的教学模式如下：

新授阅读课可以采用"总—分—总"的教学模式，即初读总体把握，细读深入挖掘，最后是认识与情感的总结提升。基本教学环节可以以"新课导入＋整体感知＋理解赏析＋拓展升华"的结构展开，其中，"理解赏析"是新授阅读课的重点，"拓展升华"是教学难点。

(2) 新授阅读课教学有效性的评价要素如下：

评价新授阅读课教学的有效性，可以从五个方面来进行。第一，阅读的兴趣。主要考查教师在课堂导入时有没有引起学生对新语篇阅读的兴趣，以及通过当堂课的教学有没有使学生对本语篇表现出兴趣。第二，文本的理解。主要考查学生通过教师指导下的学习有没有看懂文本，理解字里行间的意义。第三，作品的赏析。主要考查教师在教学过程中有没有引导学生对语篇进行赏析，以及学生赏析语篇过程中表现的审美能力。第四，到位的朗读。主要考查学生有没有在理解作者意思和情感的前提条件下绘声绘色、声情并茂地把课文朗读出来。第五，表达的迁移。主要考查教师有没有创设有意义的活动或任务让学生把阅读语篇的心得体会融入自己口头或书面表达之中。

(3) 关键的环节及其行之有效的策略：

其一，激发阅读兴趣。教师可以采取的策略包括：第一，建立与知识经验的联系。教师在激发学生阅读兴趣的过程中，可以结合学生学过的知识，或者从学生已有的生活经验出发引入新语篇，为新语篇的学习作好铺垫。如本次专题研究的第二次课的导入，教师采用的方法就是让学生谈谈对夏天的感受，第三次课的导入则是对已学过的名诗名篇所表达的思想感情的分析。第二，设置与常识相异的悬念。为了激发学生阅读的兴趣，教师可以设置一些与众不同或与常识相异的悬念来引发学生的关注和思考，从而因势利导地开始新语篇的教学。第三，渲染与语篇相关的精彩。为了使学生积极投入到新语篇的学习过程之中，教师可以点出新语篇的精彩与引人入胜之处，让学生产生"一看究竟"的愿望。

其二，整体感知语篇。教师可以采取的策略包括：第一，揭示语篇整体的结构。为了让学生对语篇有一个整体的认识，教师可以引导学生对新语篇的篇章结构进行分析。如本研究的第一次课，教师在让学生整体感知语篇时提出问题"作者是从哪些方面来表现夏天的特点的?"，其实就是对语篇结构的一种认识。第二，概括各个部分的大意。对于整个语篇,教师可以以划分段落并概括段落大意的方式让学生对语篇有一个概括的认识。第三,理清部分之间的联系。为了总体了解语篇的谋篇布局,教师可以引导学生把作者的写作思路即各个部分的内在联系整理发掘出来。

其三,深度解读文本。教师可以采取的策略包括:第一,细读文本发现隐藏的信息。教师要设计一些有启发性和挑战性的问题引导学生仔细阅读文本,从而发现字里行间隐藏的信息。如本次专题研究的第二次课上,教师就提出作者先后写到"夏天的色彩是金黄的"和"我却要大声赞美这个春与秋之间的黄金的夏天",一个"金黄"和一个"黄金"有什么不一样,引导学生对比发现,前面的一个"金黄"重在表现夏天的色彩,后面一个"黄金"则重点指出夏天的珍贵与重要。第二,基于文本提出个性化的见解。如本研究中三次课的教师都提出"这是一个_____的夏天"这样一个开放性的话题,以此引发学生基于阅读获得的个性认识。

其四,品味鉴赏作品。教师可以采取的策略包括:第一,品读自己喜欢的句段。如本次专题研究的第一次课上,教师让学生找出自己喜欢的句子并朗读出来,促进了学生对文本的赏析。第二,赏析优美语句。如在本次专题研究的第一次课上,教师在让学生找自己喜欢的语句并说出喜欢的理由。第三,体会语篇的写作技巧。

其五,拓展升华主题。教师可以采取的策略包括:第一,引入突出主题的内容。比如在《夏感》这篇文章的教学中,可以以李绅的《悯农》和白居易的《观刈麦》等主题相近的内容促进学生对《夏感》所表达的思想感情的理解。第二,选择冲击力强的影像。如在本次专题研究的三次课上,教师都选择了反映农作物旺盛生长以及突出农民伯伯饱经风霜的脸、黝黑的皮肤和粗糙的双手的照片,比较好地烘托了主题。第三,教师声情并茂的总结。为了使学生在学习整个语篇之后有一个更高层次的认识和情感提升,教师可以富有感情地总结升华主题,帮助课堂教学三维目标的达成。

第三节　高中学段的专题系列

专题1：促进学生多元理解的实践研究

阅读教学的重要目标之一就是促进学生对语篇的个性化理解，而不是像传统的课堂那样只是把教师的理解传递给学生并让其接受。一件文学作品最大的魅力就在于引导读者发挥想象和独立思考，从而完成一段读者与文本积极互动的心灵旅程，读者在此过程中领悟到语篇本身蕴藏的丰富内涵。本次实践研究的目标就是深入课堂教学的情景之中，不断分析提炼出促进学生个性化理解的种种阅读教学策略。

本次实践研究以高等教育出版社《语文（基础模块）下册》第一单元的《合欢树》作为研究的内容载体。《合欢树》是一篇回忆母亲的散文，作者史铁生通过追忆母亲以及合欢树的由来，表达了对母亲深切的怀念、无限的愧疚以及对母爱由衷的赞美之情。本堂课的教学目标主要有三个：让学生理解作者对母亲丰富而深切的情感，理解语篇的写作特点，通过作者对母亲的情感历程来感受母爱的伟大和领悟人生的意义。现将研究的过程及结论概述如下：

一、第一次课试教

执教教师设计了三个教学环节。第一个教学环节是课堂导入，以前世界短跑冠军刘易斯对作者史铁生说的一句话"您才是世界上跑得最快的人"作为切入点，引出作者获得事业成功的原因是其伟大而平凡的母亲的话题。第二个环节是阅读理解文章的前半部分，了解作者在母亲全力支持下一步步走向成功的艰难历程。最后一个环节是阅读理解文章的后半部分，了解合欢树的由来以及母亲去世后作者无尽的思念之情。

专题探索值得肯定的方面如下：

（1）执教教师基于文本内容设计了十个问题引导学生进行思考，旨在促进学生对文本的理解，其中有些问题还引发了课堂精彩的生成。

相关课堂教学片段如下：

师：在课文的后半部分作者三次写到那个小孩，用意是什么？

生：应该是指作者的母亲。就像传说的灵魂转世一样，母亲再次来到这个世界，看到熟悉的环境和那颗当年自己亲手种下的合欢树感到非常眼熟。

生：就是在写作者儿时的自己，因为文章最后说"有一天那个孩子长大了，会想起童年的事，会想起那些晃动的树影儿，会想起他自己的妈妈"。作者何尝不是这样？同时也寄托了作者希望时光倒流的心愿。

生：代表作者的精神寄托。作者先前不愿去看合欢树，现在不能去看合欢树，但是有这个小孩经常在那里可以看。

（2）为了促进学生对文本的理解，教师引入了与主题密切相关的阅读材料，旨在增进学生对文本包含的思想感情的理解，即母爱的伟大以及因生命其实很脆弱所以应常有感恩的情怀。

补充的第一段材料是余光中先生的《今生今世》：

今生今世我最忘情的哭声有两次。一次，在我生命的开始。一次，在你生命的告终。第一次，我不会记得，是听你说的。第二次，你不会晓得，我说也没用。但两次哭声的中间啊，有无穷无尽的笑声。一遍一遍又一遍，回荡了整整三十年。你都晓得，我都记得。

诗人对母亲的无尽思念和温暖回忆与本文作者对母亲的感受如出一辙，都是源于母亲无私的付出和对孩子深切的爱。

另一段材料是反映作者和病魔做斗争的感人故事：

在这个世界上，即使干再苦再累的工作，都会有人干。但是有一种职业恐怕没有一个人想做。但是，在我们生活中，就有一个这样的人。有人问他从事什么职业，他自嘲道，我的职业时生病，业余时间写点东西。他就是被誉为"中国的奥斯特洛夫斯基"的著名作家史铁生。在双腿残疾这一灭顶之灾之后，又确诊患上了尿毒症。从此，他不得不靠每星期三次的血液透析来维持生命。在长达11年的血液透析中，他的左手动脉和静脉点成粗大的扭曲的蚯蚓状。当他坐着轮椅去医院透析，那薄凉的背影，让人涌动起无比悲壮的心情。每一次透析，就有可能是生命的绝唱。所以，每一次，就有可能是最后一次。而这一晃，竟走过了11年。

正是因为切身体会到生命的脆弱，成就心愿的机会稍纵即逝，所以作者才慢慢由最初母亲去世后不愿回到原来居住的小院去看母亲亲手种下的合欢树，到后来开始想回去亲眼看看合欢树并追忆与母亲在一起时的点点滴滴，以及对当初总是借口未去而深深遗憾。

问题发现：

（1）在教师设计的诸多问题中，以事实类问题为主，开放性不够，使得学生的个性化理解没有得到充分彰显。

统计表明，在执教教师设计的十个问题中，有七个问题（通过读文章前六个自然段，我们看到作者怎样的人生轨迹？作者的母亲是一个怎样的一个人？当作者遇到人生意外时，母亲是怎么做的？母亲这样关爱作者，作者是怎么做的？母亲去世后，作者是怎样的情感？母亲去世后，作者为什么不愿去看合欢树？母亲是怎样对待合欢树的？）都是在课本上可以直接找到答案的基本事实类问题，而真正能够促进学生个性化理解的开放性问题只有三个（作者因为什么后来又想去看合欢树？怎么理解"悲伤也成享受"？文章中三次提到那个小孩，是什么用意？）。对于这些问题，学生基本上都可以通过阅读相关的段落直接找到确定答案，所以其功能尚停留于熟悉文本基本内容的层面。

（2）教师对于某些开放性问题引导学生思考不够，甚至直接越俎代庖地代学生进行了回答，没有真正让学生形成属于自己的理解。

相关课堂教学片段如下：

　　师：作者在文章中写到"悲伤也成享受"，你怎么去理解？
　　生：母爱十分伟大，是一种动力。

178　优化课堂教学：方法与实践

师：有同学有没有类似的经历？

生：我以前受伤的时候我母亲也是这样照顾我的。

师：想到这些，你感觉如何？

生：我非常感动。

师：对于这句话，老师是这样理解的：对于母亲过世，作者是悲伤的，但是对于母亲的回忆却是温馨的。我记得一位诗人说过一句话，有回忆是幸福的。作者一个人静静地待一会儿，静静回忆当年与母亲在一起的日子，他感受到了内心的温暖，这样一个经历了无数人生的生死关头的作者，看淡了人生的悲伤，所以在作者的眼里，悲伤也成一种享受。

（3）教师在引导学生理解语篇的问题设计中，缺乏一个统领性的问题引导学生对语篇进行整体的感知和表达，影响了学生感情的进一步升华。

改进建议：

（1）除了设计问题、补充材料等策略外，尝试探索新的策略来促进学生对于语篇的理解，如音乐渲染、有感情地品读课文等。

（2）让学生针对语篇内容提出自己想要弄清楚的问题，并针对学生提出的问题组织学生讨论交流，从而有效增进学生对语篇的理解。

（3）设计一个能够统领全篇的问题来促进学生对语篇的整体感知。如文章是写母亲的，为什么题目却是"合欢树"？作者对母亲的情感经历了怎样一个变化的过程？文章可以分成几个部分以及各自的大意又是什么？学习了本篇文章，你的感受又是怎样的？

二、第二次课改进

在第二次课上，课堂教学发生的积极变化如下：

首先，教师在学生预习的基础上，基于学生想要解答的问题构建起了以合欢树为主线，以合欢树与母亲、合欢树与我这样两两之间关系探讨的课堂学习框架，旨在循序渐进地增进学生对语篇的理解。

教师通过让学生课前预习征集到的问题如下：(1) 母亲和合欢树有什么关系？(2) 母亲具有怎样的品质？(3) 文章主要是讲母爱的伟大，为什么不直接写合欢树？(4) 为什么作者前几年不去院子看合欢树？(5) 从哪些事情可以看出母亲对我的爱？(6) 文章第6段写"我"在街上瞎逛，不想回家，为什么？(7) 如何理解"悲伤也成享受"？(8) 为什么作者几次提到那个小孩？(9) 文章开始写小时候与母亲的冲突，有何用意？(10) 为什么母亲对含羞草之类的花草如此喜爱？

其次，课堂上教师针对学生在预习过程中提到的问题组织学生进行讨论，引发了学生进行一些个性化的思考。

相关教学片段如下：

师：有学生问母亲为什么要挖含羞草回家，有什么特别的含义？

生：因为含羞草很"害羞"，一碰就会合上，属于特别需要别人呵护的那种。母亲由含羞草可能想到了自己的孩子。

生：应该是不经意间就挖去带回家的，因为文章已经写了母亲本来就喜欢花花草草那些东西。

生：含羞草一生会经历很多次的闭合和开放，或许母亲是想让孩子从中得到人生的启示，像含羞草一样也有自己绽放美丽的时刻。

最后，教师增加了相关阅读材料，旨在从不同侧面帮助学生对语篇进行理解。

据统计，本次课执教教师补充的阅读材料共五篇，包括讲无私奉献自己全部只为行人感到快乐的视频《苹果树》、介绍史铁生写作风格的视频、叶圣陶关于语文学习方法的诗句（"作者思有路，遵路识斯真。作者胸有境，入境始与亲"）、为了使自己给孩子肝移植成功而不惜暴走数月终于救子成功的母亲的故事、史铁生一生大部分时间与病魔抗争以至于对生命有深切感悟的文字介绍。

问题发现：

(1) 课堂上教师确立了以合欢树为主线和重点围绕探讨母亲与

合欢树以及我与合欢树两两之间的关系来展开，但是整篇文章的前半部分重点是写我与母亲之间关系，所以这样的设计影响了学生对语篇的整体理解。

（2）整堂课教师基本上以针对学生提出的问题组织探讨为主，淡化了让学生对语篇进行有感情地朗读及鉴赏，而后者往往能够在促进学生理解内化的基础上帮助其富有个性化地进行外显表达。

（3）整堂课没能设计出一个能够统领全篇内容的问题以便于学生表达自己对于语篇学习的整体感悟与体会，影响了学生对课文整体感知的效果。

改进建议：

（1）可以考虑从语篇中涉及的人和物着手，让学生逐一探讨我与母亲、合欢树与母亲、合欢树与我、合欢树与小孩，以及我与小孩等之间的关系或关联，从而比较全面地囊括对语篇的理解。

（2）可以让学生自由选择语篇中自己喜欢和欣赏的语句加以品读与鉴赏，彰显其对语篇的个性化理解。

（3）可以设计一个让学生直抒胸臆的书面形式的表达任务，让学生能够站在作者的角度自由表达出对母亲的由衷的感恩和深切的缅怀。

（4）建议设计一个能够统领全篇内容的问题来检验和促进学生对语篇的整体感知水平。

三、第三次课提高

在第三次课上，课堂教学呈现的积极变化如下：

（1）教师坚持以学生课前预习过程中提出的问题为基础，梳理出了课堂上重点讨论的三个话题，即课文题目的寓意、作者对合欢树的心结、作者对母亲的真情表白，有效引发了学生个性化的理解生成。

相关课堂教学片段如下：

师：通过阅读课文，你们认为合欢树是一颗什么样的树？为什么？

生：合欢树是一颗充满回忆的树，因为看到了树总会想起和母亲在一起的点点滴滴。

生：合欢树是一颗念慈树，因为课文中也有写到"有一天那个孩子长大了，会想起童年的事……会想起他自己的妈妈……"。

生：合欢树是一颗象征作者自己的树，因为合欢树和作者一样，都是在母亲的精心呵护下茁壮成长起来的。

生：合欢树是一颗象征希望的树，因为合欢树在第三年变得枝繁叶茂起来，是一个好兆头。

生：合欢树是一颗奇迹树，因为当初以为是含羞草，结果是合欢树，第二年没有发芽，第三年就枝繁叶茂。

此外，还有相关课堂教学片段如下：

师：假如你是作者史铁生，你会去看那棵合欢树吗？

生：我不会去，因为会触景伤情，对母亲有太多愧疚不能承载。

生：我会去，因为合欢树是母亲精心培育的结果，我想要把心中所有的情感倾诉出来。

生：我会去，因为现在合欢树是我和母亲之间感情的纽带。

生：我会去，因为现在母亲已不在，而我对母亲的思念无时无刻不在，看到了合欢树就如同看到母亲，自己今天的成就可以告慰母亲的在天之灵，同时也可以减轻自己的内心痛苦。

（2）教师在组织学生针对问题进行讨论的过程中，多次让学生回归语篇进行相关语篇的品读，学生因情而品读，因品读而生情。

如教师在组织学生探析作者与合欢树的心结时，让学生朗读课文"三十岁时，我的第一篇小说发表了。母亲却已不在人世，过了几年，我的另一篇小说又侥幸获奖，母亲已经离开我整整七年"。让学生深深地体会到母亲走得太早，完全没有看到倾注了自己毕生心血的儿子功成名就的那一天，由此而让学生体味作者对于母亲那一份深切的惋惜与愧疚之情。

（3）教师在课堂最后引用了一段某年央视晚会中题为《生命的列车》的视频，通过节目主持人对生命饱含深情的感悟与礼赞，升华了本堂课语篇所蕴含的丰富内涵，即我们要善待和我们一起经历生命之旅的每一个人，对他们点滴的帮助都要常怀感恩之情，从而使人生之旅永远充实和快乐。

专题探索仍存在的不足如下：

（1）个别问题的设计有些游离于语篇主旨之外，生成的内容不丰富，而且问题本身的意义价值也不突出。

如针对作者成名后不愿意回家的事实，教师设计了"回哪一个家"的问题探讨，有学生说是曾经和母亲一起住过的小院，也有学生说是后来搬过的那个家。其实问题探讨的关键在于作者为什么不愿意，要挖掘的是作者的心结，引导学生体会作者的心理活动，而不是讨论指现实生活中的哪个家。

（2）课堂最后引用的视频《生命的列车》很好地诠释了该语篇蕴藏的深刻内涵，但直接播放视频上取代了学生个性化的理解，所以，更好的方法应该是教师先组织学生讨论总结和表达，随后让学生也听一听相似情感的另一种表达，二者相得益彰。

三次课持续改进的脉络如下：

第一次课时，教师通过补充材料和问题引导等手段促进学生对语篇的解读，基本事实类问题居多，挑战性问题的解答未达预期，学生对语篇的整体感知也较缺乏。第二次课时，教师加大了相关材料的补充，并且以学生预习课文产生的问题为基础，理出了以合欢树为线索以及以母亲与合欢树、我与合欢树之间关系的探讨为重点，比较好地回应了学生的问题，体现了以学定教，有针对性地进行解读，但是个性化解读仍显单薄。第三次课时，教师坚持了以学定教的方法，从学生提出的一系列问题中理出了课堂上探讨的三个重点，即文章标题的寓意、作者对合欢树的心结、作者对母亲的真情告白，多种策略综合运用，学生的个性化理解明显变得丰富鲜活，但情绪情感的综合提升仍有待优化。

四、达成的共识与结论

基于改进效果可以总结的结论与共识如下：

（1）设计开放性的问题汇聚学生多样化的回答。开放性的问题往往因为答案不唯一，所以非常能激发学生基于自身原有知识及经验头脑风暴式的思考或列举。如第三次课上执教教师设计的问题"如果你是史铁生，会不会去看合欢树？"就很好地促进了学生个性化的思考与回答。

（2）挖掘挑战性的问题激发学生创造性思考。挑战性的问题往往需要学生经过认真的思考、合乎情理的推理才能得出结论，所以直接考验着学生的知识基础、社会经验以及思维方法等多方面，因而最后答案的理解与生成往往具有鲜明的个性化特点。如第一次课上教师设计的"悲伤也成为一种享受"，就让很多的学生无法正确理解，课上一些学生试图从字面上予以解答（"因为悲伤也是一种情感，所以可以享受"），一些学生则试图从课文情景中找到答案（"因为回忆中有母亲"）。

（3）提出统领性的问题盘活学生整体性的认识。对于语篇的学习，在广告部分与细节的深入理解基础之上，往往需要教师从整体上进行总结或在高度上予以升华，即所谓的"基于文本又高于文本"。如第三次课上教师提出的问题"合欢树是一颗什么样的树？"就盘活了整个语篇的内容，促使学生对语篇有了一个全面的认识。

（4）针对学生提出的疑问征集见仁见智的解答。教师在语篇的教学之前如果能够知晓学生真正感兴趣的地方或理解上实际的疑难困惑，就可以有针对性地设计基于此的研讨，这样就能够吸引学生的参与并情景碰撞出鲜活的认识及观点。如第二次课上教师提出的问题"课文为什么三次写到那个孩子？"就是学生在课前预习预习过程中提出的问题。

（5）通过情感的体验引发学生真实切身的理解。情感的激发和切身的体验往往可以促进学生对于语篇产生比较深入和真切的理解，并真正实现"有感而发"。如第一次课上教师引入余光中先生的《今生今世》,让学生深切体验到母亲在孩子的一生中的无私和伟大,对于一个失去母亲的人而言留下的又是多么深切的怀念。又如,在第三次课上教师尝试运用了有感情地品读课文和自主赏析隐藏在语篇字里行间的情感与意味的策略,促使学生形成了自己的理解与体会。

专题2:教学内容有效组织的实践研究[①]

新课程改革提出"教师即课程"的理念,积极呼唤广大教师从教教材到用教材教的行动变革,但是由于受到传统观念的影响和教学行为的惯性,教师在课堂教学实践的过程中的表现与新课程理念还存在较大差距,突出表现在以下方面:教师习惯于按教材编排来教,不擅长对教材内容作统整;教师拘泥于教材中的现成内容,不善于为目标开发新资源;教师满足于教学既有目标内容,没有深究内容配目标的力度;教师着力于自身开发新内容,没有注重让学生参与建设。本研究小组针对现行政治课教材需要教师积极建设教学内容以有力突出教学目标的特点,从课堂教学内容有效组织的角度,致力于探索现教材的处理,总结可推广的策略,以及改变教教材的习惯,提升用教材的能力。

三次实践探索课均选择了人教版《思想政治》高一年级第二单元第五课《企业与劳动者》中的现代的劳动者部分。该课的主要教学目标包括:明白劳动的含义并养成热爱劳动和尊重劳动者的习惯;理解就业的意义,学会辩证分析当前严峻的就业形势并培养正确的就业观念;知道劳动权益的具体内容并养成依法维护劳动者权益的意识与习惯。

一、第一次课试教

在第一次研究课上,专题探索值得肯定的方面如下:

[①] 参见胡庆芳:《高中政治课堂教学内容有效组织的实践策略研究》,载《思想政治课教学》,2012(3)。

（1）执教教师积极补充了与主题相关的多项教学新材料，如引入对歌曲《幸福在哪里》的赏析帮助学生理解劳动的意义，以及引入对新中国成立以来涌现的劳动模范的认识以帮助学生增进对劳动光荣、创造伟大的切身体会，弥补了课本内容的不足，丰富了学生课堂学习的内容。

（2）所有教学内容得到了有序组织，分别从"劳动：财富之源"、"就业：民生之本"、"技能：择业之基"和"法律：维权之路"四个方面展开，其中还有意以新编的安吉小张就业的故事贯穿整堂课，即找不到工作时的无可奈何、找到工作后但权益没保障的郁闷苦恼、采取不恰当方式维权反而触犯法律的悔恨交加，思路清楚，有机衔接。

问题发现：

学生课堂学习中动态的生成显得不足，没有明显表现出来积极主动的学习状态。

原因诊断：

（1）在教学内容的组织上，教师增加了歌曲《幸福在哪里》的赏析、自新中国成立以来多个历史时期共六张劳模的图片展示、全球就业论坛有关就业的观点剪辑、2009—2010年全国劳动力供给与需求倒挂的数据表、湖州劳动力市场信息服务质量落后的表现、大学生罗福欢开擦皮鞋连锁店的事例，以及安吉小张同学高中毕业就业一路坎坷的案例等各种新材料11项，使得学生在课堂上的学习时间被安排得太满，挤占了本可以用于组织学生思考和发现的时间。

（2）课堂上教师呈现了王进喜、袁隆平等六位我国新中国成立以来多个历史时期劳模的照片，而学生对包括吕玉兰在内的其他四位均显得陌生，以至于对诸如"他们有哪些相同和不同的特征？没有他们的辛勤劳动，我们的社会会怎样？"等问题，学生没能动态生成个性的、有意义的新理解。

课堂相关教学片段如下：

师：想想看图片上的这些劳动者有什么样的不同？

生1：他们各自掌握的技术不同。

生2：他们所处的时代不同。
生3：他们的职业不同。
生4：他们劳动的地点不同。
……
师：他们有哪些相同？
生5：他们都是中国人。
……

其实，对于这些不同历史时期劳模的特点的提问，最重要的目的是让学生认识到他们尽管从事着不同的劳动，但他们都以自己辛勤的劳动为社会创造财富，赢得了社会的尊重。劳动光荣，创造伟大。

（3）组织的有些教学内容针对主题的表现力还不够，对学生没有产生应有的心灵触动和精神震撼，因此这些内容的学习对目标达成的促进作用没有明显体现出来。

如关于铁人王进喜的事例，与其用照片不如截取当年铁人奋不顾身跳入泥坑和泥浆的视频，从而鲜活地再现那一代石油工人为新中国建设舍生忘死的豪迈气概以及战天斗地的劳动热情。

又如，对于所有劳动都是平等的这一观念的认识，教师直接从上述几个劳模的介绍中告诉学生，不如增加当年国家主席刘少奇接见掏粪工人时传祥曾讲到的"我们只是社会分工的不一样"的著名语录深入人心。

再如，对于反映我国技术工人文化水平的数据，该表没有从社会需要什么样的技术工人以及相应缺口有多大的角度来呈现数据，因而不能很好地反映当前就业形势的严峻性。

如课件中的表二：我国技术工人的技术构成和文化构成。

比较一 技术构成	高级技工	中级技工	初级技工
	5%	35%	60%
比较二 文化构成	大专及以上	高中及技校	初中及以上
	2.6%	29.4%	68%

（4）有些任务的设计比较机械和简单，学生的学习完全停留于重复课本内容的搬迁水平。

如在组织学生结合课本讨论如何维权的环节，学生基本上都照搬课本上的句子，没有融入自己的思考并新增除课本所述之外的新途径。

课本上明确提及的相关内容如下：

第一，劳动者：增强权利意识和法律意识，以合法手段、合法程序维护权益。

第二，政府：实施积极的就业政策，多渠道扩大就业，规范和协调劳动关系，依法维护劳动者权益。

第三，用人单位：增强法律意识，严格守法，遵守职业道德，维护劳动者权益。

改进建议：

（1）精选对相应主题表现力特别强的内容，增强学生在重组课堂内容的学习过程中的兴趣，追求所精选内容给学生带来的震撼。

（2）注意扩大小组合作学习的机会，组织学生对相关话题进行讨论，促进课堂学习动态生成较为丰富的新内容。

二、第二次课改进

在第二次课上，课堂发生的积极变化如下：

（1）新增的教学内容得到重新筛选，除继续沿用上次课开发的四项内容（安吉小张的三段故事和大学生擦鞋匠罗福欢的案例）之外，教师新选了一张特写（一立柱镌刻无数劳动者姓名的北京鸟巢的图片）以及深圳富士康跳楼事件的新闻视频，在教学内容的组织上，由上次课大大小小的内容11项精减至本次课的7项。

（2）教师针对新增内容的学习注重了启发和引导，使学生通过自己的思考生成了属于自己的理解和认识。

如在引入北京鸟巢照片并提及上面镌刻有无数鸟巢建设者的姓名时，师生互动生成的片段如下：

师：（指着鸟巢图片旁边两张照片问）鸟巢的总设计师和这

位工人叫什么名字？

生（众）：不知道。

师：他们的名字连同无数个鸟巢建设者的名字在一个立柱上都一一镌刻了下来。大家想想是为了什么？

生：纪念他们曾经付出的辛勤劳动。

师：说明他们为社会作出了贡献，他们的劳动有价值。一个是总工程师，一个是普通工人，他们一起出现在"人民的功劳簿"上，又说明了什么？

生：一切劳动都是平等的，无论是脑力劳动还是体力劳动。

生：劳动光荣。

．．．．．．．．．．．．

（3）富士康跳楼事件新闻报道的视频片段的截取运用很好地吸引了学生的注意力，激发了他们关注和思考维护劳动者权益话题，并在随后教师组织的小组合作学习环节明显表现出积极参与的热情。

问题发现：

构成课堂学习内容的材料都来自教师，学生参与学习内容建设的作用没有得到体现；学生在整个学习过程中没有表现出基于学习各项内容基础之上的融会贯通，劳动、就业、维权等相关内容的综合运用缺乏。

原因诊断：

（1）执教教师继续沿用第一次课四个板块（劳动为财富之源，就业为民生之本，技能为择业之基，法律为维权之剑）分块组织内容及其学习的模式，课堂教学内容在不同板块内相对独立。

（2）执教教师在整个内容的学习之后没有设计能够涵盖本课主要概念以及观点的统领性问题或综合性任务来整合所学知识。

（3）教师在本课内容的学习之前没有要求学生针对要学习的内容收集相关的学习材料。

改进建议：

（1）在劳动、就业以及劳动者权益维护等方面让学生获取相关的信息内容，加深对相关内容的了解。

（2）设计能够统领本堂课主要知识点及其灵活应用的有趣学习任务。

三、第三次课提高

在第三次课上，课堂发生的积极变化如下：

（1）教师新增了两项学习材料：时任国务院总理温家宝关于把大学生就业摆在工作首位的一段指导讲话，2010年国家"两会"期间有关劳动者权益成为热议的一张网民互动留言网页。前者比较好地反映了政府对于解决大学生就业问题的坚定决心，后者自然地吸引了学生对劳动者权益的关注。教师保留了北京鸟巢纪念柱的图片、招聘会上大学生人山人海的照片，以及深圳富士康公司员工跳楼事件的视频报道，删掉了有关安吉小张就业过程的三个故事。课堂的教学共有精选材料四项，为学生合作讨论的学习留出了比较充分的时间。

（2）课堂上教师通过学生对新增学习材料的学习，及时组织了小组讨论，随后通过教师的点拨引发了课堂精彩的生成。

如在浏览了大学生就业招聘会上人山人海的图片之后，师生互动的片段如下：

  师：想想看，当前大学生就业怎么会这么难？
  生：现在大学都在扩招，大学生太多了。
  师：但是也还有地方要大学生又招不够人。
  生：大学生找工作都想当白领，还要选大城市，蓝领也不愿做。
  生：大学的培养也有问题，与社会需求脱节。
  师：除此之外还有别的原因吗？
  生：大学生没有经验，用人单位不愿要。
  生：现在的下岗工人再就业更有优势。
  …………

又如，在如何解决大学生当前就业难的问题环节，教师也充分调动了学生的学习积极性，促进了精彩丰富的课堂生成。相关课堂教学片段如下：

  师：请大家说说如何解决当前大学生就业难的问题。
  生：大学生在大学要选择好专业，看社会是否有需求。
  生：提高自身素质，是金子总会闪光。
  生：端正就业态度，从基层做起，先积累经验。
  师：除了大学生个人努力之外，还有其他方面的途径吗？
  生：鼓励大学生自主创业。
  生：银行给大学生提供贷款创业，这样还可以带动新的就业。
  生：国家继续加强计划生育政策，控制人口增长规模。
  生：国家加强人才培养的力度，做人才强国。
  生：扶持企业发展，增加就业。
  生：规定提前退休，腾出工作岗位。
  师：还有哪些方面可以做？
  生：国家大力发展经济，扩大就业。
  生：社会形成劳动平等、劳动光荣的风尚。

  ....

  （3）教师对课本材料和新增材料进行了合理的搭配使用，收到了比较好的学习效果。

  如在学习劳动者权益环节，教师首先让学生学习了课本上有关劳动者权益说明的材料，再观看深圳富士康员工接连跳楼的视频报道，随后组织学生从这一事件寻找富士康侵犯了员工哪些权益，十分灵活地衔接了两方面的材料。

  课堂教学仍然存在的不足如下：

  （1）学生课前没有关注过就业和劳动者权益维护等话题，也没有进行相关资料的收集，所以在相关话题的讨论过程中主要依靠教师组织的材料，不能提供更多信息。

  （2）教师未能设计出统领各个板块学习内容的综合性任务，学生缺乏整合整堂课学习内容的锻炼机会。

  三次课连续改进呈现的脉络如下：

第一次课，新增内容丰富，板块组合有序，但是学生的主动学习不够，课堂的动态生成不足；第二次课，精简新增内容，突出主体发现，但是学生预学不够，知识综合不足；第三次课，优化材料运用，加大讨论发现，但预学统整未果，设计仍待创新。

四、达成的共识与结论

通过基于教学内容的持续探索与反思，研究小组达成了如下共识与结论：

（一）有效组织课堂教学内容的实践策略

第一，课本已有内容的调整：（1）次序方面：重组教学内容。课本呈现的内容材料一般都按知识点的分布配套呈现，教师可以根据学生的实际学习情况，对课本已有的内容材料进行合理的重组以便学生更好地学习和掌握课本上提到的知识点。（2）内容方面：删减相关内容。对于课本上提供的内容材料，教师还可以根据其表现力进行删减，而不一定要用到课本提供的所有内容材料。

第二，课本之外内容的新增：（1）突出目标达成，开发教学内容。为了使学生对当堂课的学习内容有更好的达成度，教师还需要积极开发新鲜新颖和表现有力的内容材料，如三次课上教师开发的安吉小张求职经历的三部曲、鸟巢中刻满普通劳动者名字的立柱、富士康公司几连跳的新闻报道等。（2）发挥学生作用，共建教学内容。针对某些内容的学习，教师还可以让学生收集相关的观点与案例，以便在课堂上交流分享，从而丰富学习过程。

第三，课堂教学内容的融合：设计综合任务，盘活整课内容。在一堂课的学习即将结束的时候应当设计一个综合学习的环节，通过这个环节的学习实现当堂课所有知识的整合与提升。比如，对于《现代劳动者》一课的学习，就可以以"怎样做一个合格的现代劳动者？"为题来引发全体学生的思考，学生要回答这个问题，就必然会把正确的劳动观念和就业态度以及自觉依法维护劳动者权益等各方面的内容整合起来。

（二）课本之外新增内容的处理策略

第一，技术：（1）罗列课本材料，对照课时目标。执教教师要明确当堂课教学的目标,然后仔细分析课本上提供了哪些内容材料,从而对这些材料的作用有一个清楚的判断。(2)发现弱处缺失,确立新增范畴。如果发现课本提供的材料在促进某知识点的学习方面作用不明显和突出,就需要教师重新选择内容材料以增强学习效果。

第二,主体:教师与学生共同开发学习内容。课堂教学内容材料的开发应当是双主体的,即教师和学生,学生参与课堂学习材料的开发本身就是一个预先学习和提前体验的过程。

第三,标准:(1)主题性。选择的内容材料一定要有鲜明的主题性,如上述实践探索课上播放的歌曲《幸福在哪里》,学生一听就能够领悟到劳动的意义与价值。(2)表现力。如果选择的内容材料在表现要反映的主题思想方面属于最好的选择,如果换成其他内容就会逊色,那么说明目前的选择是最具表现力的。(3)深刻性。选择的内容材料在表达主题思想时应具有发人深省的效果,越分析、越讨论,发现和收获得越多,就说明这样的内容选择是最佳的。

专题3:培养学生语言文化意识的研究

语言是文化的载体,文化是语言的灵魂。在传统的英语课教学过程中,语言与文化相脱离的情况比较普遍,突出地表现在以下几个方面:教学流于对语篇词句内容的理解,疏于进行相关的文化渗透;教学强调文化知识方面的学习,淡化文化内涵的亲身体验;教学偏向对语法规则的灵活运用,弱化了对有关语用失误的纠正。本研究小组采用行动研究的方法,进行了比较有效的培养学生语言文化意识的教学改进研究。

三次实践探索课都选择的教学内容是人教版《英语》高一年级第二单元 The United Kingdom 中的 Puzzles In Geography 一文。本语篇主要讲述了英国的地理概念及历史沧桑。语篇追溯了大不列颠及北爱尔兰联合王国的形成过程,介绍了英格兰的三个组成部分以及历史上四次遭受的入侵对这个国家产生的影响。研究过程及发现概述如下：

一、第一次课试教

在第一次课上，课堂教学表现出的积极探索如下：

（1）教师在课前让学生就对英国感兴趣的话题进行了相关信息的收集，并在课堂一开始组织开展了信息分享活动，学生交流的很多信息均直接涉及英国文化方面的内容。

例如，学生交流的信息包括 their national anthem is God Save The Queen, their national flower is rose, the prime minister is David Camelon, the prince William married Kate this year, there are three famous rivers, River Severn, River Thames and River Trent 等。

（2）关于语篇内容中有关联合王国的形成、英格兰的三个组成部分，以及历史上四次入侵造成的影响等，教师专门组织了让学生在学习的基础上进行复述的活动，加深了学生对联合王国历史知识的了解。

问题发现：

（1）课堂的导入环节持续 3 分钟，教师主要以询问学生学习英语几年等纯粹交际类问题与学生进行简单的交流，与语言文化没有关联。

（2）在随后 35 分钟的语篇学习环节中，教师主要就三个问题"How did the U.K. come into being? Which three zones was England divided into? What were the historical influences of the four invasions?"展开对语篇的学习，基本上局限于文本本身内容的学习，没有进行相关文化内容的拓展。

（3）在语篇学习过程中教师虽然插入了一段 2012 年伦敦申办奥运会的视频宣传片，但该视频只是展现了一位普通市民健步奔跑的情形，没有比较鲜明地突出有关英国文化的要素，如伦敦的大本钟、双层巴士等。

（4）在课堂的最后两分钟里，教师主要针对语篇三部分内容要求学生的再次回顾，未能在文化方面实现灵活的拓展。

改进建议：

（1）结合语篇的学习，恰到好处地寻找语言点进行文化拓展。如可以就语篇中提到的英国足球联队的细节拓展，可以就伦敦之所以被称为"雾都"来拓展，可以就罗马深深影响的语言拓展（如 Do in Rome, as Romans do 以及 All roads lead to Rome），还可以就苏格兰民族风情（如方格裙、风笛）拓展……

（2）在课堂教学过程中加大演示密切反映英国文化特色的内容，如国歌、英国国旗图片、皇室成员照片、英国城堡、伦敦塔等，从而营造浓郁的英国风情。

（3）设计生动活泼的任务促使学生活灵活地演绎英国的风土人情。比如，教师可以让学生扮演一个导游来介绍英国的历史名胜，也可以让学生扮演成一个留学生向国内的同学介绍英国历史上遭遇的四次入侵及其影响。

二、第二次课改进

在第二次课上，课堂教学发生的积极变化如下：

（1）教师在让学生就课前收集到的信息进行交流分享后，新增了一段反映英国历史与地理的视频材料，音画并茂。视频还涉及了课本没有提及的有关威尔士和爱尔兰的首府等细节信息以及英国气候等，比较好地丰富了学生对英国的了解，为新语篇的学习作了比较好的文化铺垫。

（2）教师有意识地针对语篇文本的内容进行了文化拓展。如在课本中讲到有关英格兰许多的城市都有自己的球队时，教师专门提及了曼彻斯特和利物浦两市。另外，在讲到苏格兰时还顺便提到了当地传统的民族乐器风笛。

（3）在学习课本中有关英国国家形成的历史环节中，教师以关键词的形式梳理了几个的重要阶段，如最初只是英格兰，后来威尔士加入，再到13世纪并入苏格兰成为大不列颠，再来到20世纪早期纳入北爱尔兰最终成为现在的联合王国，从而比较直观地串联起了英国历史变迁的路线图。

问题发现：

（1）本次课上教师基于文本进行的拓展只有两处：一处是在语篇提到英国足球队时，一处是语篇提到苏格兰时。但这两处拓展本身都不生动，前一处教师只是提及曼彻斯特和利物浦有自己的足球队，没有顺便让学生说出是哪两支足球队，也没有就此呈现一下这些足球队相关的图片；后一处顺便提及的苏格兰风笛也是同样的情况，有的学生经老师提及后还不知道风笛是一件什么样的乐器，更谈不上知晓风笛吹奏出来的是什么样的声音，所以学生并没有在教师的拓展中加深对英国文化魅力的体验。

（2）课堂上新增的视频内容旨在让学生完成与之相关的填空作业单，很大程度上影响了视频材料传递的综合文化信息对学生产生的积极效果，因为学生此时关注更多的是作业单上要求完成的空白。

（3）课堂最后设计的环节是让学生表演一个导游向来访英国的一个高中生夏令营团队介绍英国的历史与文化，但因为前面环节时间处理不合理，没有能够真正让学生完成英国文化体验的整合。

改进建议：

（1）可以尝试以反映鲜明英国文化的国歌导入新课，激发学生对于英国文化话题学习的兴趣。

（2）继续沿用本次课新增进来的视频材料，并以教师与学生面对面的互动交流取代本次课使用的纸笔练习单，从而让学生加大对视频内容所反映的文化内容本身的关注。

（3）在引导学生进行语篇学习的过程中进一步加强对语言文化意识的培养，进一步选择适当的语言点进行基于语篇学习的文化拓展。

（4）在课的最后仍然可以采用让学生以导游的角色来介绍英国形成的历史，英格兰的地理风情以及伦敦的特色创意设计，从而全面盘活当堂课学习到的历史地理知识。

三、第三次课提高

在第三次课上，课堂教学发生的积极变化如下：

（1）教师在课堂教学的多个环节设计了文化渲染和拓展的内容，丰富了英国文化的知识，让学生比较好地感受到了英国文化的魅力。

如课堂导入以英国国歌开始，教师在讲到英国多个城市有自己足球队时，还图片展示了曼联（Manchester United Football Team）、利物浦联队（Liverpool United）、阿森纳（Arsenal）的图片以及球星大卫·贝克汉姆的图片。教师在讲到伦敦时还呈现了英国伊丽莎白二世的图片以及伦敦塔、白金汉宫等图片。

（2）在文本学习的过程中设计了开放性问题，引发了学生的思考，增加了学生对相关文化影响的认识。

如在学习到英国历史上遭受的四次入侵时，教师有意识地让学生思考"Which invasion had the smallest influence"，引发了学生对几次入侵的影响的比较和重新审视。

（3）在文化知识综合运用的环节，教师设计了两次活动，一次是让学生作为伦敦申奥委员会主席陈述伦敦申办2012年奥运会的理由，让学生有意识地整合课本内容以及新增的有关英国介绍的视频内容；另一次活动是以导游身份介绍英国，也是试图让学生将整堂课学习到的内容灵活变为自己的理解并重新表达出来，从而再次体验英国文化。

例如，学生在伦敦申奥环节自由表达的课堂片段如下：

S：We have the following reasons. First, London has the most beautiful scenery with a long history. Second, as the capital of the UK, London is the centre of the UK. Third, there are advanced science and technology, so it is able to hold the Olympic Games. In addition, it has held the Olympic Games twice successfully, so it can do better.

T：Oh, that is, it has the experience. For these reasons, you choose London as the host of the 30th Olympic Games.

改进建议：

（1）把有关伦敦申奥和做英国导游这两个涉及英国文化内容的活动同时进行，先分组进行讨论交流，然后进行全班的分享，这样在时间上就可以保证全班同学都可以分享到这两次活动的表演，同时也给学生在课堂上的学习活动一个选择权。

（2）仔细审视文本，在恰当的知识点上合理渗透相关文化的内容，从而丰富学生的相关文化知识。如课本讲诺曼底人入侵古英国时留下了许多食物名称的词，教师顺便还可以做一些提示，如 beef，pork，mutton 等，并且由此拓展至刀叉的正确使用等礼仪的方面内容，这样就能够比较好地对学生进行文化的熏陶。

四、达成的共识及结论

基于增强学生语言文化意识的课堂实践策略的研究目的，研究小组认为语言文化的意识不仅包括语言文化的相关知识，同时还包括语言文化差异的意识以及对语言文化差异表示尊重的意识。通过观察和分析执教教师在实践探索过程中尝试的种种策略，研究小组总结提炼了以下方面增强学生语言文化意识的共识及结论：

（1）在语言教学中营造主题文化氛围。在进行语言文化氛围的渲染方面，教师可以采用目标语言的歌曲、反映异域文化风情的图片，以及体现语言民族生活情景的视频，让学生置身于异域文化的环境与氛围之中，接受异域文化的洗礼。本次实践探索的第二次课中引入的反映英伦三岛地域文化的视频，以及第三次实践探索课中英国国歌的欣赏环节，都比较好地进行了主题文化氛围的营造。

（2）在语篇行文中发现文化拓展空间。文化隐含在语篇的字里行间，需要教师去发现和创建相关的联系。比如在本专题的第三次研究课上，在语篇介绍英国多个城市有自己足球队时，教师就用图片展示了曼联、利物浦联队以及阿森纳等足球队的徽标以及知名球星。同样，在语篇中提到从当初罗马人给英国留下城市和道路、盎格鲁-撒克逊人留下语言和政府、维京人留下词汇和英格兰北部的路名，到最后诺曼底人给英国留下城堡和食物方面的新词汇时，教师可以把其中一些有代表性的历史遗留作列举。

（3）在角色扮演中感受异域文化魅力。在语言教学的过程中，教师可以恰当组织一些角色扮演的活动，让学生在轻松快乐的活动过程中体验异域文化的风情与魅力。比如本次实践探索的第三次课上，教师就让学生扮演导游的角色向旅游团介绍英国的风土人情。同样的，如果语篇涉及圣诞节、万圣节等英美国家的一些传统节日，为了增强学生的文化体验，教师也可以让学生进入相关情境进行表演。

（4）在差异比较中增进文化异同理解。在语言教学的过程中，教师可以从中西文化差异的比较中，让学生树立语言文化意识，合乎礼仪地进行交际交往，地道贴切地进行语言实践。如在本专题的研究课上，教师就语篇中提到的罗马人留给英格兰多条道路和小镇名字的信息，就可以顺便提及中英两国一个右行、一个左行的交通规则差异。另，在语篇中提到诺曼底人留给英语中许多食物名称的信息时，教师也可以顺便就中西方使用筷子和刀叉的不同情况进行对比。

专题4：激发学生学习兴趣的实践研究

在传统的地理课课堂教学过程中，存在着诸多方面的问题与不足，突出表现为以下方面：教师习惯于道理的讲述，不擅长基于现象的设疑和启发，学生学得枯燥；教师着眼于具体的知识，不注重图解知识间联系及脉络，学生学得零碎；教师关注于学习的结果，不重视学习过程的情感与体验，学生学得机械；教师满足于理性的思维，不强调激活感官的形式与方法，学生学得单调。针对上述教学问题，本课例研究小组以激发学生课堂学习兴趣为目标，深入课堂教学的第一线，通过课堂观察，审视学生的学习参与过程及结果，诊断发现导致学生学习兴趣不足的教学原因，并经过持续的研究与改进，最后总结形成激发学生课堂学习兴趣的理性认识及实践策略。

三次实践探索课选择的内容都是人教版《地理》高一年级第二单元第三节：热力环流。该课学习的主要内容包括：热力环流形成的原理、热力环流运动的过程，以及海陆风、山谷风和城市风这三种热力环流的形式。

一、第一次课试教

在第一次课上，课堂教学体现的积极探索如下：

（1）教师以电视剧《三国演义》中诸葛亮"火烧葫芦谷"的视频导入课堂，并设置了"这及时的大雨是天意还是人为？"的疑问，较好地激发了学生的学习兴趣。

（2）为了说明热力环流的原理，教师运用了课堂实验的方法让学生来观察发现。其中一个实验是在左边点燃一支蜡烛，在右边燃烧一支松香，让学生观察松香烟雾运动方向的变化情况，并事先设计了可能的三种变化情况（松香烟雾向左偏、松香烟雾向右偏、松香烟雾向上不发生偏向）让学生预测，最后通过观察验证并说明其中道理。

（3）教师在演示热力环流的过程中，运用箭头图示予以呈现，将看不见的热力环流清楚直观地表示了出来。

（4）在学习海陆风时，教师设计了有趣的问题"如果想要拍一张海风吹拂长发的照片，应选择在白天拍还是晚上拍？"，以此吸引学生对海陆风昼夜风向变化的关注与思考。

问题发现：

学生表现出了学习的兴趣，但对热力运动的原理还不能用自己的理解来完整表达以及进行灵活的迁移运用。

诊断原因：

（1）在进行蜡烛和松香的实验探究环节，教师针对学生把观察到的松香烟雾向燃烧的蜡烛一侧倾斜的现象解释为"热胀冷缩"所致时，没有让学生进一步认识到"蜡烛燃烧时使周围空气受热致单位体积空气质量变轻而上升故产生低气压，这样在一旁的松香烟雾就从高压区流向低压区"。另外，执教教师还配设了一个玻璃箱放电炉、冰块以及上下内壁贴纸片测热力环流的实验，但教师仅仅口头询问了学生可能产生的热力环流路线图，并没有继续演示此实验，所以学生对于热力环流的理解没有真正完整有效地建立起来。

（2）在对因气温变化导致等压面发生弯曲的现象及其规律的认识过程中，教师设计了有创意的测试题来考查学生的理解及掌握水平，但是教师没有针对部分学生产生错误解答的原因进行分析，也没有对相关知识点之间的内在关系进行点拨。

等压面的弯曲及气压、气压高低的判读题

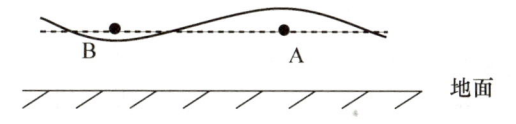

反馈分析如下：部分学生选择了A＞B，是因为他们把图上的等压面（注：侧面看成了一条线）错误地看成了等温线，这样A处的线是凸起，误以为是气温升高所致，所以A＞B。对此，如果图本身设计时能够比较立体地反映出等压面的形状，就可以减少学生在这方面的误读。

另外，有部分学生把大气想成是封闭空间里的气体，于是错误地套用热胀冷缩的原理来解释，即A处气温升高，压力也随着增大，该处等压面向上凸起，故判定A＞B。对此，教师应该强调，这里的热力环流是指大气因热力作用产生的环流，气温升高，该处空气密度变小，质量变轻，开始上升，致使该处因空气减少而气压下降。

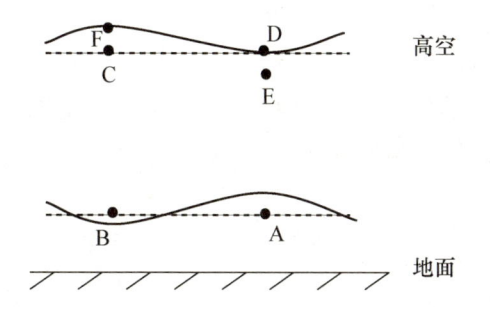

反馈分析如下：学生发生判断错误主要原因如下：误认为同一高度的气压一定相同，对此，出现A＝B，C＝D的判断；还有学生没有真正领会等压面的含义，同样以高度论气压高低，故出现F＞E

的判断。对此，教师要帮助学生明确建立这样的认识：因空气密度的关系，气压会随着高度的增加而减小，因此，地面的气压一定高于高空的气压，换言之，高空的高压区也会比地面的低压区气压低。同时，还须认清高气压和低气压都是指同一水平面上的相对气压而言；等压面向上凸起表明气压增大，向下凹陷则表明降低。

（3）课堂原本是以"火烧葫芦谷"的有趣现象导入，通过对热力环流原理的学习，再从热力环流形式之一的山谷风的学习彻底揭开葫芦谷突降大雨的秘密，但是由于时间的把握出现偏差，原理学习之后有关山谷风等的内容没有时间继续，从而未能完整体现出探秘地理现象的趣味学习之旅。

改进建议：

（1）运用动画等直观手段清晰解释热力环流产生的原因，生动再现热力环流的全过程，帮助学生顺利建构热力环流的概念。

（2）优化课堂实验的设计，真实演示热力环流的产生，增强学生通过观察发现知识的能力。

（3）设计有挑战性的问题引导学生思考、讨论和发现，增强学习发现的快乐。

二、第二次课改进

在第二次研究课上，课堂教学发生的积极变化如下：

教师除了采用了影视片段激趣置疑、直观实验录像、循环图示勾画之外，还运用动画展示了环流运动过程中空气分子的变化情况，环环相扣地帮助学生认识热力环流，特别是实验录像和动画演示的运用较好地促进了学生的理解。

问题发现：

教师主动演示和讲解得比较多，没有积极关注学生学习的真正兴趣与困惑疑难，教学的趣味性之外的针对性没有得到有效体现。

原因诊断：

（1）教师在教学策略的优化上主要致力于如何更加吸引学生的

注意和积极参与设计好的活动，并没有真正了解学生对本节课的哪些内容真正感兴趣，对哪些内容真正想要深入了解。

（2）对于热力环流的学习，教师更多的是在积极采取各种手段让学生更易于理解，而没有让学生设法证明热力环流的存在。换言之，学习的发现需要教师创造机会与条件让学生主动去经历探索发现的过程，而不能仅仅让学生成为发现知识的观众。

（3）在学习的过程中，教师未能充分地利用为课堂教学组织的学习内容，引导学生的思考走得更深远广阔。

例如，在引导学生学习热力环流的环节，教师设计了一道思考题（如下）来引导学生尝试画出热力环流的循环图。

想一想，空气在图中 A、B、A_1、B_1 四个点之间将会做怎样的运动？

B_1　　　　　　　　　　　　　A_1

B　　　　　　　　　　　　　A
开水　　　　　　　　　　　　冰块

教师有意设计了一处放热水，另一处放冰块，但是教师没有让学生在画出热力环流的循环图之后，再仔细思考与这个有意设计紧密相关的派生问题：为什么要放冰块？或者如果不放冰块会怎样？这样的问题可以让学生对热力环流了解得更全面和深刻。

放冰块，是为了确定热力环流的半径范围，并且使热力环流进行得更强烈和表现得更明显，以利于观察者更清晰地画出这一循环的全过程。如果不放冰块，这种确定而清晰的热力环流图就难以构建，因为空气在不确定的空间范围里的运行还会受到更多复杂情况的影响。

改进建议：

（1）让学生有预学的环节，给予他们质疑问难的机会。

（2）围绕学生真正感兴趣和需要解决的问题组织小组合作学习，

让学生体验到发现知识的快乐。

三、第三次课提高

在第三次课上，课堂教学发生的积极变化如下：

教师比较注重让学生学习之后及时进行检测反馈，力求让学生体验到学习知识并运用知识解决实践问题的快乐。

课堂教学仍然存在的不足如下：

（1）教师以歌曲《军港之夜》的欣赏导入，并准备以有人对这首歌反映的情景有质疑的事实来设计悬疑和激发学生学习的兴趣，但这时已有同学说出了是歌词"海风你轻轻地吹"有问题，教师却没有让这位学生进行解释，错过了对学生学情的真正把握并由此展开有别于课前预案、以学定教的全新教学之旅的机会。

（2）教师整堂课上直接讲解得太多，没有让学生通过思考反馈对相关知识与原理的认识，然后再进行针对性的讲解与点拨。

（3）在当堂课基本内容学习之后进行回顾总结的环节，教师再次代替了学生的思考和认识梳理，学生没有经历主体反思和整理学习所获的过程。

三次课连续改进体现的脉络如下：

第一次课时，视频播放形式新颖，实验演示真实可信，但是课堂动态生成不足，学生认识表达不够。第二次课时，优化了实验演示环节，动画展示分子运动，但是学生被动接受较多，以学定教理念缺失。第三次课时，注重知识系统学习，加强及时检测反馈，但忽略了学生的兴趣与疑惑，以学定教仍待落实。

四、达成的共识与结论

通过上述三位教师基于同一教学内容持续不断的改进，针对激发学生课堂学习兴趣的专题，研究小组总结达成了以下方面的共识及基本结论：

（一）激发学生学习兴趣的实践策略

第一，摸清学生学习的兴趣疑难。要想激发学生课堂学习的兴趣，就要知道关于本堂课学习的内容，学生的真正兴趣在哪里、学生的疑惑在哪里。否则，课堂上只能是教师按照自己的兴趣在教学，如果与学生的兴趣吻合了，教学的效果就能够体现出来，反之，学生就会被动消极地经历整个教学过程。这也是本次实践研究过程中已经意识到并且尚需继续努力达成的一个方面。要真正摸清学生学习的兴趣疑难，可以采取以下策略，以真正落实以学定教：(1) 组织预习先学，摸清疑难困惑。(2) 基于学生学情，确立教学内容。

第二，设计新颖有趣的学习内容。同样的教学内容，采用不同的教学形式，产生的实际效果也会不一样。要增强当堂课学习的内容对学生的吸引力，可以采用的实践策略如下：(1) 借助图影动画，活化学习内容。在本专题的实践探索过程中，三位执教教师都运用了影视《三国演义》中《火烧葫芦谷》的片段，第二位教师还采用动画模拟演示了热力运动过程中分子的运动情况，很好地激发了学生的学习兴趣。(2) 引用经验实例，还原回归生活。比如，本专题的第二次实践研究课上，执教教师引入了在海边拍海风吹拂长发的生活实例，激发了学生认识海陆风成因的兴趣。(3) 串联所学知识，图示关联脉络。在本专题的第三次实践研究课上，执教教师把整堂课的学习内容就进行了很好的梳理与串联，使学生比较容易地领会了本堂课知识间的逻辑关系与脉络。(4) 多样反馈学得，脑眼手口并用。为了考查学生的理解与掌握情况，执教教师需要提出有挑战性的问题引导学生用脑思考、设计真实的实验吸引学生用眼观察和用手探究，并组织灵活多样的形式让学生口头汇报和交流分享。

第三，组织探究发现的学习过程。学生学习的快乐，不仅在于教师采用多种多样的形式呈现了学习的内容，还包括学生通过思考和合作发现了新的知识，使学生学习的成就感油然而生。教师这方面可以采用的实践策略如下：(1) 开展实验探究，促进学习发现。在本专题的第一和第二次课上，执教教师就开展了直接的和间接的实验探究环节的学习，较好地解释了大气中热力环流的存在。(2) 设置问题情境，引导思考发现。正如本专题的三次实践研究课上，执教教师都提及了《三国演义》中"火烧葫芦谷"是天意还是人为的问题，很好地吸引了学生对当堂课热力环流知识的学习。

（二）激发学生学习兴趣遵循的原则

激发学生学习的兴趣是一个由来已久的话题，如何能够真正通过激发学生课堂学习的兴趣促进课堂教学内涵得到质的提升，还有赖于如下两项原则的贯彻与落实：

（1）从简单的迎合转向智慧的挖潜。在课堂上，教师不能仅仅为了学生的兴趣而教学，而是要基于对当堂课内容的把握去培养学生的兴趣，通过在学习过程中的思考与合作，体验到发现知识的快乐，同时增进智慧。

（2）从感觉的轻松升至精神的愉悦。在课堂上，教师不能仅仅在视觉、听觉、触觉等感官方面下功夫以实现对学生注意力和兴趣的吸引，更要通过创造有意义的活动让学生在精神层面感到充实和满足，并由此持之以恒地为学生一生的成长、发展和成功奠基。

专题5：阅读教学模式建构的实践研究

《高中英语课程标准》明确指出，英语课程的教学是要积极鼓励学生在教师的指导下，通过活动体验、语言实践、问题探究以及小组合作等多种学习形式发现语言的规律，掌握语言的知识，培养语言应用的技能，逐步养成学习语言的积极情感和态度，渐进形成有效的学习策略和自主的学习能力。其中，语篇阅读在高中英语课堂教学中占有很重要的比例，但是，在当前高中新授阅读课的教学实践中，教师的教学实践离《高中英语课程标准》的要求还存在着不小的差距，主要表现如下：（1）以试题操练的形式驱动阅读的过程，应试痕迹太浓；（2）以试题答案的校对评判阅读的质量，以偏概全突出；（3）以教材内容的编排替代二次开发，以本为本居多；（4）以文本内容的浏览替代朗读的体验，笨嘴拙舌成风。本课例研究小组针对上述问题，探索新授阅读课的有效教学策略和提升新授阅读课的有效教学。

一、第一次课试教

执教教师选择的教学内容是新版新世纪《英语》十一年级下学期第五单元的 Great Scientists。教师设计了五个教学环节，依次是：图片导入，引入"科学家"话题；浏览全文，整体把握语篇结构；细读段落，问题引导大意理解；开放讨论，自由表达个人观点；角色扮演，活动展现阅读所得。

基于专题的有效探索如下：

第一，执教教师尝试了"总—分—总"的教学方法，即"总览全文，了解板块结构→分块阅读，获取详细信息→综合运用，盘活整体语篇"，这样的处理方法符合认知由粗放到精细再到较深入的整体概念的过程，体现了学习的循序渐进性。

例如，在要求"总览全文，了解板块结构"的环节，教师采用了整体阅读然后寻找符合归纳出的段落大意的选项对号入座的方法：

Skim the whole text, and try to find out which paragraphs introduce…

（1）Einstein as an all-round and modest genius.

（2）Einstein's major achievements in mathematics and physics.

（3）Einstein's early life and interests in mathematics and physics.

第二，执教教师设计了一个开放性的问题，让学生自由地表达，引发了鲜活的课堂生成。例如：

I think Einstein is ＿＿＿＿, because ＿＿＿＿.

S1：I think Einstein is approachable, because he loved the company of children.

S2：I think Einstein is strange, because he often thought about theories.

S3：I think Einstein is very clever, because he discovered the photoelectric effect.

S4：I think Einstein is very kind, because he got involved in peace movement.

第三，执教教师设计了一个角色扮演的活动，让一个学生扮演电视栏目主持人，另外两个学生扮演嘉宾，一起讨论有关爱因斯坦的话题，比较好地体现了任务型教学的理念，即用语言做事。这一过程中语言的运用过程就是对语篇信息的组织过程，从而实现了活学活用的目标。

第一组的表演语言实录如下：

(H——Host；G1——Guest1；G2——Guest2)

H：Hi, everybody. Welcome to our program! This series of our program is about "Great Scientist". We have some guests here, Lana and Candy. Well, who knows some scientists' name?

G1：Thomas Edison?

H：Yes. We talked about Thomas Edison last week.

G2：I know Albert Einstein.

H：Yes. Today we are going to focus on Albert Einstein, who is the father of modern physics. Candy, can you introduce something about Albert Einstein to us?

G2：Ok. As far as I know, he began to play the violin when he was five, and he had great talent for it.

H：He is a genius, isn't he?

G2：Yes. And he was a modest and approachable person. He also loved the company of the children. Actually I know an interesting story. One day he met a little girl, The girl said to him："My father says that you are the greatest scientist, aren't you?" Einstein only said："I'm Einstein, but I'm not the greatest."

H：What a modesty person! Lana, do you know anything

else?

G1：Ok. In 1905, Einstein began to publish his thoughts. One of his theories provided an explanation for the photoelectric effect. He spoke out against Nazi's crimes. In the long course of research, he developed his theory of relativity. His theories also predicted that solid objects could be changed into pure energy. This did lead to the development of nuclear power and atomic bomb. However, he protested against nuclear weapons, and involved in the peace movement after the First World War.

H：En. He had lived an unusual life. Ok, thank you for your joining us. See you next time.

T：Ok. Well done. I want to invite the second group to make a presentation about Einstein. You group, please.

问题发现：

（1）在导入环节，执教教师呈现了杨振宁、爱迪生和张衡的图片从而引入"科学家"这一话题，形式新颖，但是与即将学习的专门介绍爱因斯坦的语篇并没有直接关系，而且教师在介绍过程中出现了很多生词，如 seismograph（地动仪）、phonograph（留声机）、perspiration（汗水）等，拉开了与学生之间的距离。

导入不仅要形式新颖，能够与学生的现实基础与兴趣实现无缝衔接，还要具有铺垫和引导的直接作用。

（2）在整体理解全篇内容的环节，执教教师直接沿用了教材中让学生寻找相关段落与业已归纳概括的段落大意进行配对练习，替代了学生归纳概括的过程，从而降低了语篇阅读的要求。段落大意的归纳概括可以培养学生的信息综合能力，是阅读理解水平的重要体现。

（3）在新授阅读课上，教师的示范朗读、录音的示范朗读以及对学生的朗读的检查与指导缺位，使得学生能看懂却读不出，哑巴英语的现状得不到改变。

例如，课堂观察发现，学生在读 fascinated, relativity, atomic,

protest，genius，Einstein 等词时均出现错误。

（4）角色扮演活动的设计具有创意，但是在新授课上就要求学生以电视采访的形式针对语篇内容进行多角色的配合表达，对学生来说存在较大难度。课堂上登台表演的两组同学基本上都是照读事先写好的草稿，表现并不轻松。

角色扮演是高水平的知识实践运用活动，适宜在充分准备的基础上进行，而且应当体现出合乎情景的知识运用自如状态。

（5）在新授阅读课的教学过程中，学生对于语篇的阅读主要是以做习题的方式进行，显得比较机械和单调。与此同时，教师针对语篇自主设计的问题较少，教师教教材的痕迹比较浓。

改进建议：

（1）还课堂以朗读的声音，加大对学生语音音调及节奏断句等方面的检查与指导。新授阅读课要突出学生对新语篇欣赏的朗读体验。

（2）给知识以发现的机会，放手让学生划分段落和归纳段落大意以理清语篇结构。对于语篇的理解，教师不应追求理解的统一与唯一，而应积极促进学生对语篇内容进行个性化的解读。

（3）提出具有挑战性的问题，加强学生的思维训练和语篇理解以提升课堂生成质量。问题通向深入理解的桥梁，挑战性问题需要精心的设计与实施。

（4）安排词句解释的任务，尝试让学生对较难较长语句的改写解释以增进语言的理解运用。用英语解释英语是知识活用最好的体现与实践。

二、第二次课改进

在第二次课上，教师基于专题的改进如下：

（1）教师加大了问题开发与设计的力度，对语篇比较复杂的句子的理解进行了重点检查，对教材本身的练习设计进行了有益补充。例如：

问题1：What does the word *which* in the following sentence

from paragraph C refers to?

One of his theories provided an explanation for a puzzling effect, called the photoelectric effect, which had been noticed some years earlier.

a) one of Einstein's theories; b) an explanation for an effect; c) the photoelectric effect.

问题2：Paragraph F tells us all of the following *EXCEPT*：

a) It is Einstein who foretells that solid objects can be changed into pure energy. b) It is Einstein's theories that lead to the development of nuclear power and the atomic bomb. c) It is Einstein who should be responsible for the First World War.

(2) 教师把有关爱因斯坦的生平大事件进行罗列，让学生寻找事件发生的相对应的时间，有助于帮助学生理清语篇的线索与脉络，接下来又安排了对语篇进行段落划分的任务。两次任务的紧凑设计很好地促进了学生对语篇整体的认知。生平大事件罗列如下：

Put the correct year in the blank：

(1879) -be born in a Jewish family in Germany

(1894) -move to Italy with the family

(1896) -study in a college school in Switzerland

(1902) -work as a staff in an office

(1905) -publish his theories on photoelectric effect

(1914) -become a professor at the University of Berlin

(1916) -publish *General Theory of Relativity*

(1921) -be awarded the Nobel Prize for Physics

(1933) -leave Germany and begin teaching in the USA

(1955) -pass away

(3) 在针对爱因斯坦进行自由表达的环节，教师展示了能够体现爱因斯坦多方面兴趣与品质的图片，起到了比较好的提示作用，同时还采用白板的设计，把学生课堂的生成进行了灵活展现。相关课堂实录片段如下：

T：Let's invite XX to give us an example first, ok?

S1：I think Einstein is hardworking and thoughtful, because in the text I find that he made use of his time to think the physics. He always carried out his experiment in his head, so he laid the foundation for modern physics.

T：Very good, thank you very much. And, let's see…what about you?

S2：In my opinion, Einstein is peace-loving, because he protested against nuclear weapons and became involved in peace movement after the First World War.

T：Ok, thank you very much. A good detail to support your idea that Einstein is peace-loving. And XX, what about you?

S3：I think he is very talented because he is poor at many other subjects, but good at mathematics. So he has talents about mathematics. I think he is very hardworking, because he was happy to get such easy job. So he can have so plenty of time to think about physics.

问题发现：

（1）导入不够简洁，前后先后介绍了五位科学家，并依次填写其相关信息，用时太长（7分钟），这对于新语篇的学习的直接促进作用并不大。

（2）在详细了解了语篇内容之后针对爱因斯坦性格品质进行自由表达的环节，执教教师采用了分两步表达的设计，即先说一个个关键词，等关键词说完之后再围绕这些关键词说完整的句子，但是这影响了学生表达的兴致和表达本身的完整性。

（3）在课堂的最后，执教教师引入了一个有关爱因斯坦解释成功奥秘的故事，以齐声朗读的形式作为结尾，方式比较生硬，内容没有衔接。

改进建议：

（1）加强课堂导入的吸引力和针对性，真正让学生在导入环节培养起学习的兴趣和做好必要的准备。比如，教师可以以爱因斯坦关于相对论幽默的解释开始来询问是谁说的，也可以呈现爱因斯坦一些关键的身份信息然后询问这人是谁，还可以直接从爱因斯坦的名字解释入手询问"这个人是否真的是一块石头呢？"来展开对语篇的学习。

（2）在课堂上有效嵌入朗读的活动，可以是教师对语篇示范朗读，同时穿插对重点词汇和语句的提问与解说；或是要求学生朗读某些语句或段落，并要求把朗读的内容用学过的英语解释表达出来。与此同时，教师还可以针对学生的语音语调和断句错误进行示范指导，从而使学生既能够流利朗读语篇，又可以灵活地表达。

例如，针对语句"One of his theories provided an explanation for a puzzling effect, called photoelectric effect, which had been noticed some years earlier"，教师不仅可以提问句中的 which 指什么？还可以做示范的解释："Photoelectric effect was difficult to understand and explain, but with the help of Einstein's theory, it was easy to explain. In fact, people had noticed the effect before Einstein had developed his theory"。

（3）在学生从各个方面自由讨论爱因斯坦之后，教师可以做一个简要的概括和总结，有助于学生对新语篇的内容有一个更为清晰的概念。例如：

Albert Einstein was so <u>talented</u> that he could develop the theories of relativity, and he was very <u>hardworking</u>, making full use of time to think about physics problems. On the other hand, he was <u>all-round</u>, apart from his research work, he was fond of sailing and playing the violin, and he also loved the company of his children. He was very <u>humorous</u>, and he liked joking. Particularly noteworthy, although some scientists developed nuclear weapons with the help of his theory, he was greatly <u>peace-loving</u>.

三、第三次课提高

在第三次课上，教师基于专题继续的探索如下：

（1）在解答事先设计的阅读理解题的过程中，教师让学生回到原文找到证据，进一步增加问题以促进学生理解，等学生理解清楚之后随即让学生把这些句子朗读出来，从而落实了朗读的有效切入。

例如，在解答第一个理解题"Which of the following is true in part one?"时，教师在让学生回到第一部分时增加了问题"What is thought experiment"，并以光的弯曲为例说明只能通过想象来思考，这就是 thought experiment。

（2）教师问题的设计体现出艺术性，既有有助于深化语篇理解的挑战性问题，又有有助于理解全篇的综合性问题，很好地驱动了阅读教学的有序进行。

例如，在整体阅读语篇的环节，教师提了这样两个问题："Can you name the theories of Einstein's? Can you tell Einstein's hobbies?"

又如，在细读各段落环节，教师增加了这样三个问题："Why did Einstein leave the University of Berlin? Do you think Einstein is peace-loving or warlike? What was Einstein's attitude toward himself?"

（3）在自由表达环节，等学生充分表达了对学生的认识之后，教师把所有的观点进行了串联和总结，比较好地提升了学生对语篇关键人物的理解。

改进建议：

（1）对于语篇段落的划分不宜照搬课本的原有设计，可以留给学生在粗读语篇时思考，然后让学生各自说明划分的理由。教师针对学生不同的划分方法还可以引导讨论，最后达成共识。这样的段落划分过程也是一个整体把握语篇结构的过程。

（2）对于爱因斯坦的大事件的填写有必要，但不应到此为止，还可以尝试让学生把零散的信息串联成篇,将比较机械的事件找寻变成有意义的人物讲述。

(3)在细读语篇环节检查学生的理解的过程中,教师还可以加大示范朗读的力度,或者在让学生朗读语篇的过程中穿插问题的检查和及时的解析。

三次课探索改进的脉络如下:

第一次课时,完整演绎了"总—分—总"的阅读教学模式,表达活动引发了新的生成,但是文本挖掘不够,缺失朗读环节。第二次课时,创造设计了细致深入且多样的问题,有力促进了文本理解,但是灵活表达不够,朗读的切入欠妥。第三次课时,问题深化了理解,范读融合了指导,阅读教学整体有成效,但朗读、理解与表达的融合递进仍有待继续的探索和坚持。

四、达成的共识与结论
(一) 新授阅读课可以实践的模式

通过三次课的实践可以看出,新授阅读课基本上可以按照"有效导入→整体认知→深化理解→综合提升"的模式展开教学。具体而言:

(1)在有效导入环节,可以突出趣味性,激发学生阅读的兴趣。如本次专题研究的第二节课上,教师设问道:"那么爱因斯坦是如何从一块普通的石头变成一颗闪闪发光的钻石的呢?请打开课本,阅读后回答。"教师也可以设置悬念,如"接近光速时,时钟就会变慢,直尺也会缩短,什么样的理论能够解释呢?"引发学生思考。还可以抛砖引玉,引导学生仔细从语篇中发现更多内容。

(2)在整体认知环节,教师可以让学生首先了解主旨,即语篇主要讲的是什么内容;其次认识结构,即弄清楚语篇的谋篇布局、段落结构是怎样的;最后把握要点,即各个部分主要大意是什么。

(3)在深化理解环节,教师可以让学生回答问题,即就语篇内容设计的问题来考查学生是否真正理解;再让学生判断正误,即让学生在针对语篇内容做出的多种表述中找出真正符合语篇原意的表达；最后是解释说明，即让学生对于语篇个别较长较难的词句用简单的英语进行解释或说明。

（4）在综合提升环节，教师可以让学生进行如下活动：首先，复述内容，这样可以让学生对语篇先有一个整体感受，同时也是对所有信息的再次整合；其次，发表见解，即让学生针对语篇提及的话题发表自己的认识与看法；最后，角色朗读，即让扮演语篇情景中的一个角色来绘声绘色地体验其中的情绪与情感。

（二）新授阅读课可以尝试的策略

（1）坚持整体阅读，把握篇章结构。语篇是一个有机的整体，语篇的各个段落与部分之间都存在着内在联系，因此新语篇教学中的阅读环节应当引导学生全面把握语篇的中心内容与整体结构，这样有助于避免理解时断章取义或"只见树木，不见森林"。

（2）加强问题引导，深化文本理解。教师要注重问题设计以及在课堂上的引导，让学生深入挖掘文本隐含的信息。特别是在一些有助于理解全篇主旨的关键语句、容易引起学生理解歧义、能够引发学生发散思考的地方，教师应当设计相关的问题进行合理引导。

（3）尝试英语解释，丰富语言表达。英语解释不仅可以反映学生是否正确理解了语篇内容，还可以锻炼学生的语言表达能力。在用英语解释问题的过程中，学生往往会运用习得的词汇、短语和句型根据主题进行组织与加工，从而变成能够表情达意的句群。与此同时，这些句群所表达的观点与内容往往也可以反映出学生对语篇理解的深度与广度。

（4）重视复述论说，盘活语篇新得。新授阅读课不是要学生机械地背诵或做题，而是让学生学习完语篇之后能够运用自己的话进行复述或针对相关的话题发表自己的见解。语言的学习过程，同时也是一个思维训练的过程。

（5）穿插朗读指导，追求纯正地道。新授阅读课上要让学生尽可能出声地朗读出来，加强语感的体验和对语言美的欣赏。与此同时，教师要跟进语音语调节奏等多方面的指导，如此坚持下去，才有可能逐步走出"哑巴英语"的教学怪圈。

专题6：培养创新思维品质的实践研究[①]

素质教育一直是当今教育教学追求的理想目标，但是，在应试教育向素质教育艰难转型的教学实践过程中，由于考试以及当堂课知识内容含量等原因，许多课堂在培养学生创新思维品质方面开拓的空间还非常有限，存在诸多不容忽视的问题：教师习惯于对知识的讲解而不擅长让学生对知识进行探究，学生仍缺乏发现知识的能力；教师倾向于定论的教学而不擅长让学生质疑定论，学生仍然缺乏思想批判的精神；教师热衷于眼前学习目标的达成而不擅长让学生对方法进行创新，学生尚缺乏灵活应变的本领；教师满足于一面的精彩而不擅长让学生进行正反面的审视，学生缺乏逻辑辩证的思维。为回应素质教育的要求，本课堂实践与改进研究小组以培养学生创新思维品质为目标，诊断影响学生创新思维品质发展的教学原因，寻找促进学生创新思维品质提高的策略方法，最后提炼形成培养学生创新思维品质的理性认识。

一、第一次课试教

本次课执教教师执教的内容是初三年级的一节中考复习课，内容是以2011年上半年最热门的时事新闻话题（日本大地震）盘活相关的知识及考点。

实践探索值得肯定的方面有以下几点：

（1）教师一改以往依据考卷试题讲解标准答案的传统复习课做法，而是呈现相关材料并让学生根据考试说明寻找相应考点，旨在培养并提高学生透过现象看本质的能力。

（2）教师一改复习课上"读题—解题"的传统做法，而是通过呈现的时事材料，让学生小组合作尝试自主命题，即让学生把自己的理解提炼转换成为问题。这不失为培养学生逆向思维能力的一种尝试。

[①] 参见胡庆芳：《培养学生创新思维品质的课堂实践研究》，载《教育理论与实践》，2012（2）。

问题发现：

整堂课基本围绕命题和找答题要点展开，应试氛围太浓；忽视了对命题质量本身的要求，缺乏对学生创新思维能力的挑战，课堂精彩的生成比较贫乏。

原因诊断：

（1）执教教师在让学生认识命题要领时，试图通过一个示范的例题让学生明白命题原则，但教师没有让学生通过小组合作或独立思考的形式来总结发现，而是以思考引导的形式直接让学生一个个地说出了背后体现的命题原则，替代了学生自己通过例题这一外在表达形式深入分析其中蕴含的命题原则的本质。

（2）执教教师尝试创造机会让学生学习命题的教学创新，但是忽略了对学生命题质量的要求，导致学生创新思维能力表现不足。

例如，在总结命题要求时，教师提到了诸如导向正确、指向明确、经济简洁、科学规范、言简意赅和逻辑关联等要求，但是对于与命题质量直接相关的诸如"巧妙隐含"等要求没有涉及，致使很多学生的命题停留于问题和知识点之间的机械相关层次，所以学生针对这些问题的解答也缺乏思考过程。

（3）执教教师把整堂课的重心落在让学生学会如何命题上，停留于为命题而命题的表面层次，但课堂上更为重要的问题是如何组织学生针对一些关键性的问题进行创新的思考和回答，这样才能真正使学生的创新思维得到锻炼。

例如，在课堂上教师呈现了一则有关中国援助日本而出现两种不同的声音的新闻。教师只是要求学生思考该从哪些考点、哪些角度命题，而没有直接挑战学生多元创新的思维，让学生发表自己的看法或者组织学生就此进行辩论。

（4）执教教师在解析样题时特别注重对标准答案要点的界定，而没有引导学生积极地思考从而去解答和言说，束缚了学生的创新思维。

例如，在样题"核电站的放射性物质泄漏会产生哪类问题？日本发展核电工业是为了应对资源短缺，而频繁的地震则表明这一方式不适合。你认为在发展区域经济时应该注意什么？（3分）"的分析指导中，教师提示学生要看题目分值去判断答案要点，暗示后一题显然要回答两点，即要因地制宜地发展经济，同时坚持可持续发展战略，使经济发展与环境保护相结合。

改进建议：

（1）教师要针对课堂学习的内容创造性地设计开放性、挑战性的话题、问题或活动，让学生经历创新性思维的过程。

（2）教师要密切关注学生课堂学习过程中创造性思维的火花，积极利用和放大学生创新性思维活动的过程。

二、第二次课改进

本次课执教的是高中英语第六册第四单元的 Global Warming。教师设计了五个教学环节，包括话题导入、初次结合课本学习有关 Global Warming 的两种不同观点的短文并进行讨论、再次结合课本上有关 Global Warming 的两封信的内容进行讨论、就 Global Warming 进行记者采访气候学家的角色扮演活动、进行以 Global Warming 为主题的海报呈现和宣传交流活动。

专题探索值得肯定的方面如下：

执教教师以 Global Warming 为话题，让学生两人一组分别扮演记者和气候专家的角色完成对话采访，并让学生四人一组进行海报设计的交流与宣传，还有教师呈现亲手抓拍的学生日常生活中种种不环保节能的照片，形式新颖，挑战了学生创新的思维，引发学生碰撞出创新思维的火花。

例如，在最后的海报设计的交流与宣传环节，第二组学生代表呈现了 Snoopy 和地球并列的宣传海报，其中写道："Animals are our friends, and protecting environment is like protecting our best friends"。第三组学生代表呈现了一棵枝繁叶茂的大树，其中写道："Let's start protecting environment. More trees absorb more carbon dioxide"。第五组学生表达呈现了一年四季春夏秋冬的四张照片，其中写道："Different season, different look"/"Stop Global Warming"。

问题发现：

学生创新的思维没有激活，课堂精彩的生成仍旧显得比较贫乏。

原因诊断：

（1）有些教学环节的设计不够合理，在学生没有充分预热准备的情况下就展开富有思维的头脑风暴活动，思维活跃状态下的创造性没有得以体现。

例如，在第二个教学环节中，教师在让学生朗读了课本上专家对于 Global Warming 会产生好的还是坏的影响两种不同的意见的短文之后，随即播放了灾难片《后天》（The Day after Tomorrow）中海水淹没城市的片段，然后提出"Who should be to blame for this severe problem?"和"Will it Happen?"两个问题引发学生讨论。被点到的第一个同学对于第一个问题没有回答，被点到的第二个同学对第二个问题只是以"Maybe"应对而不能展开回答。

（2）在学习课本中的一学生就 Global Warming 的问题向 Earth Care 杂志求教的一去一回的两封信的环节，教师没有设计恰当的、具有挑战性的问题引发学生更多的思考，以至于针对 Global Warming 应该如何应对这一问题时，学生基本上都停留于课本上 Earth Care 杂志编辑提到的六条建议上。如果教师继续提问"Except what the Editor suggests, what else can we do"，就可以引导学生进行思维发散从而生成鲜活多样的答案。

（3）在最后的海报设计的交流与宣传环节，教师与学生代表情景互动得太少，没有就学生思维的闪光点和火花继续进行引导和挖掘并向全班简单总结和完善学生代表的宣传发言，致使学生的思想火花只停留于一刹那的光芒闪现。

改进建议：

（1）教师不仅要注重创新的教学设计，更应关注创新的设计在课堂教学实践过程中引发的培养学生创新思维品质的效果，注意恰到好处地运用问题引导学生。比如，思辨批判性问题"Global warming, good or bad"、思维发散性问题"Except what the editor suggests, what else can you do to stop global warming"。

（2）教师在教学环节设计的过程中应注重循序渐进梯度设计，为学生创新思维活动创造充分的激发条件和基础铺垫，例如课本相关知识的学习在先，再安排鲜活表现的活动（角色扮演、海报宣传）紧跟其后，追求水到渠成的效果。

三、第三次课提高

本次课执教的内容是高中二年级大气环流单元的复习课。教学目标主要有两个：理解大气环流的概念，能够运用大气环流的知识解释地理现象。教学主要分为五个板块：课堂导入大气环流、基于大气环流问题的学情调查、局部大气环流的复习、全球大气环流的复习、知识的迁移运用。

专题探索表现出的进步如下：

（1）执教教师以问题为主线展开大气环流知识的复习，问题的设计体现了一定的创造性，对学生思维形成了挑战。

例如，教师在学情调查部分设计了四个问题：一是大气环流是指哪一个大气层；二是对大气环流中"环"的理解；三是大气环流的动力问题；四是辨析课堂导入部分两个问题所涉及的环流是否属于同一环流。

（2）在知识的迁移运用环节，执教教师引入的内容是 2000 年 4 月 3 日发生的一个真实的地理现象，即意大利遭受了来自撒哈拉沙漠地区的沙尘暴。教师要求学生用大气环流的知识具体解释这一地理现象发生的成因。

（3）关于全球大气环流的流动情况的教学，执教教师采取了直观的以箭头标示的形式，比较形象地反映了大气流动的方向，有助于学生进行形象思维和形象记忆。

专题探索仍然存在的不足如下：

（1）执教教师针对学生对所提问题产生的不同理解或片面理解没有进行恰当回应，失去了课堂互动本应具有的精彩。

例如，在教师提问"怎么认识'大气环流'中这个'环'字？"时，有学生回答说"是指大气在水平和垂直方向上的运动"，教师对此没有予以分析评价就进入了下一题的提问。但事实上，学生的理解是片面的，因为无论是因为热力原因还是动力原因产生的大气环流都是存在于垂直平面的。如果老师让学生把整个环流的历程述说一遍就可以发现问题的答案。

（2）课堂上执教教师针对学生学情组织的教学还不够，关于局部大气环流和全球大气环流的知识基本上以教师讲解为主，忽略了对实际学习疑难的了解与侧重，如不同的大气环流的动力是如何的不一样、山谷风的产生是不是由山头的空气稀薄所致等问题。

三次课探索与改进所呈现的脉络如下：

第一次课时，学习任务的设计有所创新，在任务完成的过程中有教师的指导，但是对应试技能的训练胜过对创新思维的培养，创新思维的培养处于低效水平。第二次课时，学习任务的设计多处创新，学生思维的火花有所闪现，但是对学生挑战任务完成的铺垫不充分，因势利导的时机有待教师进一步把握。第三次课时，学习任务的设计问题串联，现实案例的求解较有新意，但是教师对学生情境学习过程中的生成不够关注，学生创新思维的培养仍有待提高。

四、达成的共识与结论

通过政治、英语和地理三次课的实践，可以总结出在课堂上培养学生创新思维品质的有效的策略。其中，实践的不足可以启示教师在培养学生创新思维品质的实践中还应当尝试怎样的策略。这些结合在一起可以达成如下方面的共识与结论：

第一，培养学生创新思维品质可以采取的策略与方法：

（1）头脑风暴，在开放的话题中形成丰富的见解。通过这一方式可以锻炼学生的发散思维能力，正如本次专题实践研究的高中英语课上，教师可以以"How can we do with global warming?"为题组织学生进行广泛且开放的表达，从而形成课堂丰富的生成。

（2）要点透视，在纷繁的现象中发现深刻的本质。通过这一方式锻炼学生透过现象看本质的聚合思维能力，如本次专题实践研究的高中地理课上，教师可以在学生学习了大气环流的种种形式之后让学生思考诸如"什么是大气环流"、"怎么理解大气环流中的'环'字"以及"大气环流的动力是什么"等问题，这些问题都是隐藏在大气环流现象之后的本质问题。

（3）批判建构，在独立的思考中质疑现成的观点。通过这一方式锻炼学生在解构中建构的批判思维能力，如在本次专题实践研究的初中政治课上，教师可以以"中国对日本大地震进行援助是在忘记日本侵略中国的历史"的论断引导学生进行质疑反驳，从而充分表达自己的认识与观点。

（4）触类旁通，在具体的解题中归纳同类解法。通过这一方式锻炼学生类推迁移的思维能力，如在本次专题实践研究的高中地理课上，在学生学习完大气环流的知识之后，教师让学生寻找生活中的哪些地理现象可以用大气环流的知识来进行解释。

（5）反其道而行，在逆向思考中开拓崭新的视野。通过这一方式锻炼学生的逆向思维能力，如在本次专题实践研究的初中政治课上，教师让学生针对一段时事材料结合考纲进行命题尝试，正是促进学生通过逆向思维从而达到知识掌握的目的。

（6）求新立异，除常规的解说外创建新的版本。通过这一方式锻炼学生独辟蹊径的求异思维能力，如在本次专题实践研究的高中英语课上，教师以"Except what the editor suggests, what else can do in our daily life?"为题，大大丰富了学生对课本知识的学习，避免人云亦云。

第二，判别学生创新思维品质表现参考的标准与视点如下：

（1）观点是否有针锋相对的碰撞？如果课堂上不同的观点真正在一起进行了实质碰撞，表明在此过程中学生的批判思维确实参与其中。

（2）想象是否有无穷拓展的态势？如果课堂上学生的想象被充分激活从而形成了对某一方面丰富多彩的认识，表明在此过程中学生的发散思维确实参与其中。

（3）列举是否有趋于穷尽的结果？如果对于课堂上符合条件的各种情况学生基本上都能够详尽地列举，就表明在此过程中学生的思维演绎能力参与其中。

（4）发现是否有切中本质的概括？如果课堂上学生通过方方面面知识的学习之后能够发现其背后深刻的相同本质，就表明在此过程中发生了学生的聚合思维。

（5）习得是否有触类旁通的表现？如果课堂上学生通过知识的学习能够触类旁通，能够解决同类同性质的所有问题，就表明学生思维的灵活迁移能力的确参与其中。

（6）解法是否有另辟蹊径的精彩？如果课堂上学生能够不因循教师已经提到的方式与方法而完全以一种别人没有想到或尝试过的方法解决了同样面对的问题，就表明学生的求异思维能力的确参与其中。

后 记

随着基础教育课程与教学改革的深入,"教师即研究者"、"学校即教师专业发展的主阵地"等理念逐渐深入人心,广大教师在学校依托教研组、项目组、课题组等专业组织实现自身的专业发展变得越来越不可或缺,研究实践和改进实践以推动教育的改革与发展成为时代赋予广大教师的一项神圣使命和光荣职责!

《优化课堂教学:方法与实践》通过文献研究,准确地把握了研究在优化课堂教学和促进教师专业发展历程中的突出地位以及专家教师之所以成为专家教师的专业特质,同时清晰地梳理了课例研究自日本兴起、后移植美国、再传播全球的发展轨迹;通过比较研究,细致地彰显了美国和日本进行课例研究实践表现出的差异,深入地反思了中国同样有着悠久历史的中小学教研活动的缺失与不足,以及日本和美国的课例研究实践给予中国的诸多有益启示。既要有宽广的国际视野,又要有深刻的本土实践反思,这些成为当前校本教研实践创新的突破口和新的增长点。

《优化课堂教学:方法与实践》践行行动研究,几年如一日地扎根中小学课堂教学一线,与广大教师共同确立需要研究攻克的一个个难题,并一起深入专题的课堂教学场景之中发现问题、研究问题和解决问题;在实践效果上,精益求精、锲而不舍,打磨出了一个个具有专题教学推广意义的示范课,同时在专题总结上,抽丝剥茧、去伪存真，凝练出了一个个具有专题研究借鉴价值的硬成果。

《优化课堂教学：方法与实践》突出本土创新，基于对课例研究国际实践的经验，密切结合本国课堂教学以及教师的实际，研制了课堂观察与诊断的框架、教学达成及评议的标准，制定了课例研究从选题直至总结的整个流程，设计了课例研究从上课到研讨的多种组织模式，并且针对每一个实践环节都比较详细地提出了需要注意的建议。

《优化课堂教学：方法与实践》站在国内课例研究实践的前沿，整体概括出了课例研究中国本土实践的特色，突出了课堂教学改进的价值取向、直指问题瓶颈的现实情怀、研究融入培训的机制整合以及专业研究人员的示范引领。

每一次课例研究都是一段艰辛的旅程，它需要专业研究人员静下心去和广大一线的中小学教师一同面对真问题，践行真研究，见证真成效。同时，每一次课例研究也是一段幸福的旅程，它让每一位参与其中的成员都领略到了实质互动、知识发现、智慧分享和专业进步的成就与快乐。

为了使课例研究在教师专业发展的过程中持续保持强劲的推动力，每一位参与实践者都需要继续发扬永不言败的"长征精神"，特别能钻研，特别执着，永不言败，直至预期目标实现；需要坚持发扬打破沙锅问到底的"求索精神"，针对选择的有意义的专题大胆假设、小心求证，具体的途径和方法就是针对课堂上发现的问题一步步追因，一步步提出指导改进的策略，连续进行实验，持续进行改进直至问题最后得到解决；需要秉承孜孜以求教学精致无极限的"唯美精神"，把每一次课例研究得出的结论与结果都视为一个研究阶段的认识与总结，并理解到即便是同样的专题，如果换作另外一位教师来演绎，或换在另外一个班级来尝试，也一定会遇到新的问题情境，因此，改进实践的研究其实始终都处于一种未完成状态，课堂教学改进的历程永远没有终点。在不懈的理想追求中，每一位成员都在不断丰富和完善自己的专业内涵。

我们同时也期待阅读本书的各位专家和同行，多提宝贵的意见和建议，closetouch@163.com 永远期待您智慧的启迪！

　　让我们一起在以课例研究的方式优化课堂教学这样一个有意义的话题研讨中不断取得进步，在积极的思想交流与碰撞中不断获得成长！

胡庆芳

图书在版编目（CIP）数据

优化课堂教学：方法与实践/胡庆芳著. —北京：中国人民大学出版社，2014.5
ISBN 978-7-300-19265-9

Ⅰ.①优… Ⅱ.①胡… Ⅲ.①课堂教学-教学研究 Ⅳ.①G424.21

中国版本图书馆 CIP 数据核字（2014）第 085798 号

优化课堂教学：方法与实践
胡庆芳　著
Youhua Ketang Jiaoxue

出版发行	中国人民大学出版社		
社　　址	北京中关村大街 31 号	邮政编码	100080
电　　话	010-62511242（总编室）	010-62511770（质管部）	
	010-82501766（邮购部）	010-62514148（门市部）	
	010-62515195（发行公司）	010-62515275（盗版举报）	
网　　址	http://www.crup.com.cn		
	http://www.ttrnet.com（人大教研网）		
经　　销	新华书店		
印　　刷	北京东君印刷有限公司		
规　　格	160 mm×230 mm　16 开本	版　次	2014 年 5 月第 1 版
印　　张	14.5	印　次	2015 年 8 月第 2 次印刷
字　　数	199 000	定　价	36.00 元

版权所有　侵权必究　印装差错　负责调换